できる大人の漢字語彙力1500

福田尚弘 監修

リベラル文庫

本書の使い方

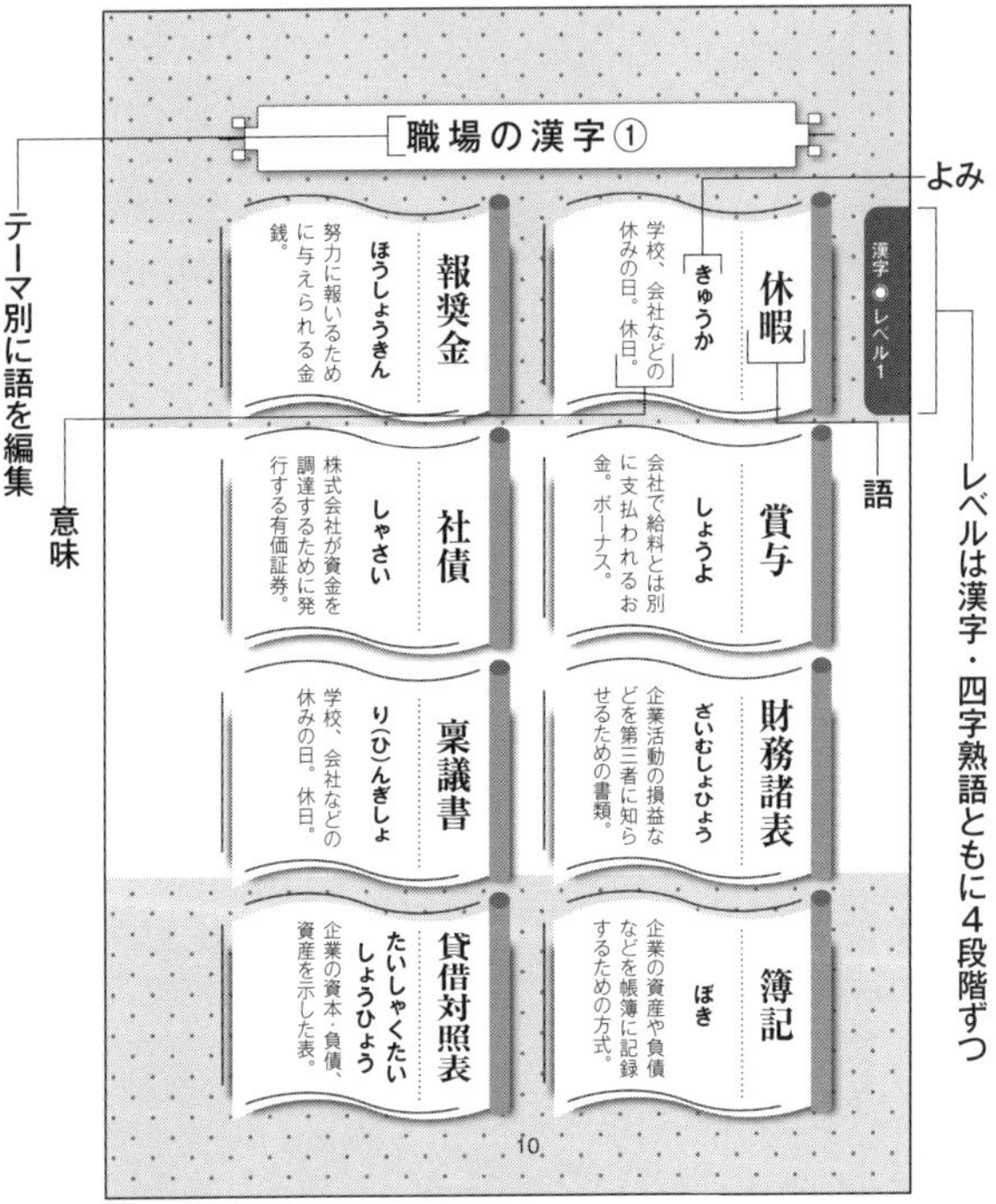

職場の漢字①
漢字●レベル1
休暇
きゅうか
学校、会社などの休みの日。休日。
報奨金
ほうしょうきん
努力に報いるために与えられる金銭。
賞与
しょうよ
会社で給料とは別に支払われるお金。ボーナス。
社債
しゃさい
株式会社が資金を調達するために発行する有価証券。
財務諸表
ざいむしょひょう
企業活動の損益などを第三者に知らせるための書類。
稟議書
り(ひ)んぎしょ
学校、会社などの休みの日。休日。
簿記
ぼき
企業の資産や負債などを帳簿に記録するための方式。
貸借対照表
たいしゃくたい
しょうひょう
企業の資本・負債、資産を示した表。
10
テーマ別に語を編集
よみ
語
意味
レベルは漢字・四字熟語ともに4段階ずつ

株式会社リベラル社

【お詫びと訂正のお知らせ】

本書の初版において、下記のように誤った表記がございました。

ご購入いただいた読者の皆さまには、大変ご迷惑をおかけしてしまい、まことに申し訳ございません。

ここに深くお詫びし、訂正させていただきます。

P.10 職場の漢字① 稟議書	誤）学校、会社などの休みの日。休日。 正）重要事項について回覧によって承認を得るための書類
P.60 職業の漢字① 噺家	誤）落語家。かみゆい髪を結う職業。 正）落語家。
P.107 植物の漢字② 薊	誤）クマの一種。東南アジアに分布している。 正）キク科アザミ属の多年草。
P161 繰り返しの四字熟語② 威風堂堂	誤）非常に不思議で、怪しい様子。奇怪を強調した言葉。 正）立派で威厳のある態度や雰囲気。

2022.12

もくじ

漢字 レベル2

漢字 レベル3

漢字　レベル4

四字熟語　レベル1

四字熟語　レベル2

四字熟語　レベル3

四字熟語　レベル４

漢字レベル1

職場の漢字①

休暇
きゅうか
学校、会社などの休みの日。休日。

報奨金
ほうしょうきん
努力に報いるために与えられる金銭。

賞与
しょうよ
会社で給料とは別に支払われるお金。ボーナス。

社債
しゃさい
株式会社が資金を調達するために発行する有価証券。

財務諸表
ざいむしょひょう
企業活動の損益などを第三者に知らせるための書類。

稟議書
り(ひ)んぎしょ
学校、会社などの休みの日。休日。

簿記
ぼき
企業の資産や負債などを帳簿に記録するための方式。

貸借対照表
たいしゃくたいしょうひょう
企業の資本・負債、資産を示した表。

職場の漢字②

督促

とくそく

債務などを支払うように催促すること。

取締役

とりしまりやく

株式会社の意思決定に参加する立場の者。

棚卸

たなおろし

在庫の数量などを調査して、その価値を決定すること。

減価償却

げんかしょうきゃく

固定資産の価額の目減り分を記帳すること。

捺印

なついん

印を押すこと。

馘首

かくしゅ

解雇。免職。

出納

すいとう

金銭の収入と支出のこと。

勤怠表

きんたいひょう

勤務状況を表にしたもの。

新聞の漢字①

傘下
さんか

力のある企業などの庇護を受ける立場にあること。

正念場
しょうねんば

真価が問われる大事な場面。

是正
ぜせい

誤りを直して、正しくすること。

紆余曲折
うよきょくせつ

状況が複雑で、変化が多いこと。

高騰
こうとう

物価が高くあがること。

転嫁
てんか

自分の責任などを人に負わせること。

木鐸
ぼくたく

人々を目覚めさせて、物事を正しい道へと導く者。

温床
おんしょう

ある（主に悪い）風潮が生まれやすい環境。

新聞の漢字②

刷新
さっしん
現状を改め、全く新しくすること。

締結
ていけつ
条約などを結ぶこと。

漸進
ぜんしん
順番に少しずつ進んでいること。

収束
しゅうそく
おさまりがつくこと。

踏襲
とうしゅう
先任のやり方などをそのまま継承すること。

時期尚早
じきしょうそう
あることを行うのに時期が早いこと。

妥結
だけつ
利害関係の対立が話し合いにより折れ合うこと。

躍起
やっき
むきになってやること。

政治の漢字①

遺憾
いかん
思った通りにいかないで残念な気持ち。

不退転
ふたいてん
志を強く持って退かないこと。

毅然
きぜん
意志を強く持って、動じない様子。

懸案
けんあん
長い間、未解決になっている問題。

忸怩
じくじ
深く恥いる様子。

野合
やごう
政策に関係なく政党派閥が合流すること。

挙党体制
きょとうたいせい
党が一体となって政策などに取り組むという意味。

弾劾
だんがい
政治家や役人の非行を議会が追及し、辞めさせたり罰したりすること。

政治の漢字②

善処
ぜんしょ
うまく処理すること。

粛粛
しゅくしゅく
つつしむ様子。静かでひっそりとした様子。

精励
せいれい
仕事に精を出すこと。

慚愧
ざんき
自らの言動を反省して恥ずかしく思うこと。

惻隠
そくいん
かわいそうに思うこと。

厳粛
げんしゅく
厳しくゆるがせにできない様子。

万難
ばんなん
多くの困難。

喫緊
きっきん
さしせまって大切なこと。

有名人の漢字①

一路真輝
いちろまき
俳優。宝塚歌劇団出身。

内野聖陽
うちのせいよう
俳優。日本アカデミー賞新人俳優賞受賞。

河相我聞
かあいがもん
俳優。「時をかける少女」で人気者に。

遠山景織子
とおやまきょおこ
俳優。「高校教師」など。

余貴美子
よきみこ
俳優。「ちゅらさん」に出演。

一青窈
ひととよう
歌手。「もらい泣き」でデビュー。

須藤理彩
すどうりさ
俳優。「天うらら」など。

高知東生
たかちのぼる
俳優。映画「修羅がゆく」など。

有名人の漢字②

大浦龍宇一

おおうらりゅういち

俳優。「天うらら」など。歌手でもある。

小沢真珠

おざわまじゅ

俳優。「甘からしゃん」など。

知念里奈

ちねんりな

歌手。日本レコード大賞最優秀新人賞受賞。

萩原聖人

はぎわらまさと

俳優。ブルーリボン助演男優賞。

布袋寅泰

ほていともやす

ミュージシャン。BOØWYの元メンバー。

川平慈英

かびらじえい

俳優。サッカー解説者としても有名。

根岸季衣

ねぎしとしえ

俳優。映画「蒲田行進曲」などに出演。

馬渕英里何

まぶちえりか

俳優。映画「ひめゆりの塔」など。

有名人の漢字③

藪恵壹
やぶけいいち
元プロ野球投手。阪神タイガースなどに所属。

松井稼頭央
まついかずお
元メジャーリーガー。野手。ニューヨークメッツ等に所属。

衣笠祥雄
きぬがささちお
元プロ野球選手。二千二百十五試合の連続出場記録。

武豊
たけゆたか
中央競馬の騎手。最多勝利騎手など多数。

宮里藍
みやざとあい
元女子プロゴルファー。二人の兄もプロゴルファー。

計屋圭宏
はかりやけいこう
衆議院議員。鹿児島県屋久島出身。

柴門ふみ
さいもんふみ
漫画家。「東京ラブストーリー」など。

妹尾河童
せのおかっぱ
舞台美術家。エッセイストとしても知られる。

有名人の漢字④

安貞桓
あんじょんふぁん
元Jリーガー。現横浜マリノス等に所属。元韓国代表。

朝青龍明徳
あさしょうりゅう あきのり
元大相撲横綱。モンゴル出身。

馳星周
はせせいしゅう
作家。「不夜城」でデビュー。吉川英治文学新人賞。

阿久悠
あくゆう
作詞家。作家。日本レコード大賞など多数受賞。

宮崎駿
みやざきはやお
アニメ監督。世界的な映画監督の一人。

蛭子能収
えびすよしかず
漫画家。最近はタレントとして活躍。

柳美里
ゆうみり
作家。「家族シネマ」で芥川賞受賞。

為末大
ためすえだい
元陸上選手。世界選手権銅メダリスト。

手紙の漢字①

拝啓
はいけい
手紙の冒頭に書く語。「つつしんで申し上げる」の意。

冠省
かんしょう
前文を省略するときに書く語。前略。

追伸
ついしん
手紙の追記。またその頭に付ける語。

頌春
しょうしゅん
年賀のあいさつとして書く語。

清祥
せいしょう
手紙で相手の無事を祝っていう言葉。

拙筆
せっぴつ
自分の筆跡を謙遜していう語。乱筆。

寸楮
すんちょ
自分の手紙を謙遜していう言葉。簡単な手紙。

弟御
おとうとご
人の弟の尊敬語。

手紙の漢字②

不一
ふいつ
手紙の末に書く語。「十分に意を尽くしていない」の意。

侍史
じし
手紙のわき付け。直接渡せないという謙遜を表す。

露寒
つゆさむ
秋の暮れのころの寒さ。露が霜を結ぶ寒さのころ。

貴兄
きけい
同輩、目下の男子を呼ぶ語。

訃音
ふいん
人が亡くなったことの知らせ。訃報。

草草
そうそう
手紙の最後に書く語。取り急ぎ書いたことを表す。

貴簡
きかん
相手の手紙を敬っていう語。

筆忠実
ふでまめ
面倒がらずに手紙を書くこと。また、その人。

冠婚葬祭の漢字①

許嫁
いいなずけ
親の合意により子供のころに結ぶ婚約。また、その相手。

祝言
しゅうげん
お祝いの言葉。婚礼。

結納
ゆいのう
婚約の証として両家で金品などを取り交わすこと。

御披露目
おひろめ
結婚などのときに公にあいさつすること。

忌明け
いみあけ
喪の期間の終了。「きあけ」ともいう。

輿入れ
こしいれ
婚礼。嫁入り。

諡
おくりな
死んだ人に贈る称号。

媒酌
ばいしゃく
結婚の仲介をすること。仲人。

冠婚葬祭の漢字②

高砂
たかさご
結婚式の披露宴で、新郎新婦が座る席。

仲人
なこうど
結婚の仲介をする人。

傘寿
さんじゅ
八十歳のお祝い。

喪家
そうか
喪に服している家。

戒名
かいみょう
死んだ者につける法名。

餞
はなむけ
旅立つ人にお祝いの気持ちで贈る金品など。

卒塔婆
そとば
墓に立てる細長い板。戒名などを記す。

荼毘
だび
火葬のこと。

暦・六曜・方位の漢字①

啓蟄
けいちつ

二十四節気の一つ。太陽暦の三月六日前後。

赤口
しゃっこう

六曜の一つ。大凶の日。「しゃっく」とも。

厄年
やくどし

一生のうち災難が降りかかる可能性が高いとされる年。

大晦日
おおみそか

一年の最後の日。おおつごもり。

霜降
そうこう

二十四節気の一つ。太陽暦の十月二三〜二四日ごろ。

睦月
むつき

陰暦の一月。

狼藉日
ろうじゃくにち

陰陽道で万事が凶の日。

三隣亡
さんりんぼう

建築の大凶日。

暦・六曜・方位の漢字②

先負
せんぶ
六曜の一つ。午前は凶、午後は吉。「せんまけ」ともいう。

朔日
ついたち
月の第一日。

閏年
うるうどし
四年に一回、二月の日数が多い年。

干支
えと
十干十二支のこと。または十二支。

卯月
うづき
陰暦の四月。

神無月
かんなづき
陰暦の十月。「かみなづき」ともいう。

宿曜
すくよう
吉凶を占う天文暦学。インドに由来。

恵方
えほう
歳徳神（その年の福を司る神）がいる方向。

男性の漢字①

大丈夫
だいじょうぶ
立派な男子。「だいじょうふ」とも。

旦那
だんな
妻が夫を呼ぶときの言葉。

優男
やさおとこ
優しい男。柔弱な男。

密男
みそかお
人の妻のもとにこっそりと通う男。

幇間
ほうかん
宴席などで座を取り持つ男の芸者。たいこもち。

益荒男
ますらお
立派な男。強くて勇敢な男。

戯れ男
たわれお
好色な男。

和郎
わろ
男の子。小僧。

男性の漢字②

好好爺
こうこうや
人のよいお爺さんのこと。

醜男
ぶおとこ
醜い顔をした男。

女誑し
おんなたらし
女をもてあそぶ男のこと。

懦夫
だふ
気の弱い、臆病な男のこと。

甚六
じんろく
（ぼんやりした）長男。お人好し。

男鰥
おとこやもめ
妻と別れて一人で暮らしている男。

匹夫
ひっぷ
身分の低い者。一人の男。

破落戸
ごろつき
職もなくぶらぶらし、悪事を働く者。

女性の漢字①

乙女
おとめ
少女。年齢の若い女。

蛾眉
がび
美人のこと。

傾城
けいせい
美女。遊女。

花魁
おいらん
上位の遊女。

御転婆
おてんば
活発に行動する女性。

別嬪
べっぴん
美人。

醜女
しこめ
容姿の醜い女性。

莫連
ばくれん
悪賢く、世間ずれした女性。あばずれ。

女性の漢字②

女将
おかみ
料亭、旅館などの女主人。「じょしょう」とも。

手弱女
たおやめ
やさしく、しとやかな女性。

悍婦
かんぷ
気の荒い女性。

御侠
おきゃん
若い女性が活発で、軽はずみなこと。

生娘
きむすめ
まだ男性と接したことのない女性。処女。

閨秀
けいしゅう
芸術、学問にすぐれた女性。

媼
おうな
老女。

蒲魚
かまとと
知っていても知らないふりをして純真ぶる女性。

男女関係の漢字①

蜜月
みつげつ
結婚した月のこと。ハネムーンの和訳。

姦通
かんつう
既婚の男性または女性が、他の異性と関係を結ぶこと。

一夜妻
ひとよづま
一晩限り関係を持った女性。

悋気
りんき
情事に関わるねたみや嫉妬。

姦淫
かんいん
倫理観などからはずれた男女の関係。

睦言
むつごと
男女間のむつまじい語り合い。

後朝
きぬぎぬ
共に一夜を過ごした男女が翌朝別れること。

同衾
どうきん
同じ夜具で男女が寝ること。

男女関係の漢字②

逢瀬
おうせ
男女がひそかに会うときのこと。

岡惚れ
おかぼれ
親しく接したことのない人をひそかに想うこと。

配偶者
はいぐうしゃ
結婚した相手のこと。

三下半
みくだりはん
夫から妻への離縁状。

媾曳き
あいびき
男女の密会。

側妻
そばめ
妾。本妻以外の妻。

艶聞
えんぶん
情事に関するうわさ。

妻問
つまどい
男性が女性を訪ねて求婚すること。

家族の漢字①

岳父
がくふ
妻の父。

伯母
おば
父母の姉。妹の場合は叔母と書く。

眷属
けんぞく
親族。一族。

舅
しゅうと
夫または妻の父。

継子
ままこ
実子ではない子。

玄孫
やしゃご
ひ孫の子供。

嬶
かか(あ)
自分の妻や他人の奥さんの俗称。

再従兄弟
はとこ
親同士がいとこの関係にある子のこと。

家族の漢字②

嫂
あによめ
兄の妻。

甥
おい
兄弟や姉妹が生んだ男子。

嫡子
ちゃくし
跡継ぎとなる子。

庶子
しょし
嫡子以外の実子。

外戚
がいせき
母方の親類。

末裔
まつえい
子孫。

仍孫
じょうそん
玄孫のひ孫。

先妣
せんぴ
死んだ母。

体の漢字①

白髪
しらが
白くなった髪の毛。

腸
はらわた
内臓。臓腑。

肢体
したい
手足のこと。または手足と体のこと。

口腔
こうこう
口からのどまでの部分。医学用語としては「こうくう」。

脊椎
せきつい
背中を支える骨格。脊椎動物の支柱をなす。

瞼
まぶた
眼球の表面をおおう皮膚。

臀部
でんぶ
尻。

睫
まつげ
まぶたのふちに生える毛。

体の漢字②

皮膚
ひふ
肌のこと。

鳩尾
みぞおち
胸骨の下にあるくぼんだ所。「みずおち」ともいう。

臍
へそ
腹部の中心のへこみ。「ほぞ」とも。

お凸
おでこ
額。

肘
ひじ
上腕部と前腕部をつなぐ関節。

耳朶
みみたぶ
耳の下の垂れ下がった部分。

髭
ひげ
口のまわりや頬などに生える毛。

黒子
ほくろ
皮膚にできる黒っぽい斑紋。

体の漢字③

鬢
びん
頭の左右側面の髪。

痘痕
あばた
天然痘治癒後に残るあと。またはそれに似た吹き出物。

味蕾
みらい
舌にある味覚をつかさどる感覚細胞。

眸
ひとみ
目の中の黒い部分。

蹠
あしうら
足の裏。

面皰
にきび
顔にできる出来物。

眦
まなじり
目じり。

顋
えら
あごの両脇。

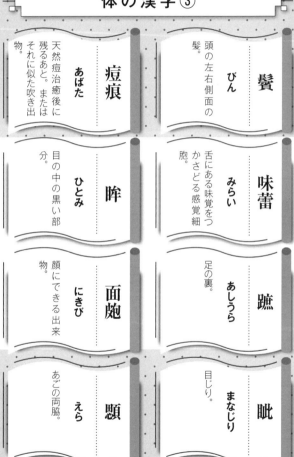

体の漢字④

踵
かかと
足の裏の後ろの部分。

臑
すね
ひざからくるぶしまでの足の部分。

踝
くるぶし
足首にある内外両側の突起。

雀斑
そばかす
顔などにできる茶褐色の小さな斑点。

蟀谷
こめかみ
目と耳の間にある、物を噛むと動く所。

靨
えくぼ
笑ったときに頬にできるくぼみ。

肋
あばら
あばらぼね。肋骨。

腓
こむら
ふくらはぎ。

病気の漢字①

疣
いぼ
皮膚にできる小さな突起。

黄疸
おうだん
皮膚が黄色くなる症状。肝臓病などが原因。

疱瘡
ほうそう
天然痘。

眩暈
めまい
目がくらむこと。

霍乱
かくらん
夏に起きる急性の下痢や嘔吐。

淋病
りんびょう
性病の一つ。淋菌が感染して起こる。

労咳
ろうがい
肺結核のこと。

悪阻
つわり
妊娠初期の吐き気などの症状。

病気の漢字②

腫瘍
しゅよう
体細胞が異常に増殖する病変。

痔
じ
肛門とその周辺の病気。

風邪
かぜ
感冒。

脳梗塞
のうこうそく
脳の血管が詰まる病気。

痣
あざ
皮膚が紫色などに変色した部分。

腎虚
じんきょ
過度の性行為により衰弱すること。

皹
あかぎれ
寒さによる乾燥で手足が裂けて痛むもの。

潰瘍
かいよう
表面の組織がくずれて内部の組織を傷つけること。

病気の漢字③

吃逆
しゃっくり
横隔膜が痙れんして出る特殊な音声。

蕁麻疹
じんましん
皮膚がかゆくなるなどのアレルギー。

膠原病
こうげんびょう
全身の結合組織に炎症を起こす病気。リウマチなど。

飛蚊症
ひぶんしょう
視野に蚊に似たものが飛ぶように感じられる症状。

歯槽膿漏
しそうのうろう
炎症により歯茎がぐらついたりする病気。

瘧
おこり
マラリア性の熱病。

窒扶斯
ちふす
チフスの漢字表記。伝染病。

胼胝
たこ
皮膚が圧迫を受けて堅くなったもの。

病気の漢字④

嘔吐
おうと

食べ物を吐くこと。

癲癇
てんかん

痙攣と意識障害を起こす脳疾患。

小児麻痺
しょうにまひ

子供に起こる麻痺性の疾患の総称。

疾病
しっぺい

病気。

猩紅熱
しょうこうねつ

子供がよくかかる法定伝染病の一つ。

虎列剌
これら

コレラの漢字表記。急性の伝染病。

瘡蓋
かさぶた

傷が治るにつれてできる皮膜。

僂麻質斯
りゅーまちす

リウマチ。関節が痛む病気。

漢字道の基本はこれ！

漢字道を極めたいなら、せめて漢字の成り立ちぐらいは知っておきたい。漢字は６つのパターンから成り立っている。基本の４つのパターンは象形・指示・会意・形声だ。

象形文字とは、ものの形を象（かたど）った文字のことで、単純な形の文字が多い。たとえば「木」、「川」、「日」など。これらはすべてその「もの」の形をそのまま漢字にしたものだ。

指示文字は、抽象的で形がないものを表すためにつくられた文字。たとえば「上」「下」「一」など。性質や状態などを指し示すようにつくられた。

会意文字は、象形文字や指示文字を２つ以上組み合わせて、新しい漢字をつくったもの。「炎」「鳴」「明」などである。

形声文字は意味を表す漢字と音を表す漢字を組み合わせることによってつくられるもの。「味」「個」などがあり、実は漢字の80%以上がこの形声文字である。

さらに音の似た文字で代用する仮借、意味の似た文字に転用する転注をくわえた６つが文字の成り立ちである。これらをもとに漢字を解明していくことが漢字道の基本である。

漢字レベル2

料理の漢字①

鮨
すし
酢飯に刺身などをあわせて食べる和食。

雲呑
わんたん
中国料理の点心の一つ。

焼売
しゅーまい
中国料理の点心の一つ。

鯉濃
こいこく
鯉の筒切りをみそ汁で煮込んだ料理。

雲丹
うに
ウニの卵巣を加工した食品。

出汁
だし
出し汁。

素麺
そうめん
乾麺の一つ。

粥
かゆ
米を水を多くして炊いたもの。

料理の漢字②

竹輪
ちくわ
魚肉をすりつぶしてつくった加工食品。

米粉
びーふん
米を原料にして作られた中国の麺。

蕎麦
そば
そば粉でつくった食品。

豚骨
とんこつ
豚の骨付き肉を煮込んだ料理。

水団
すいとん
水でこねた小麦粉をだし汁にいれた料理。

雑炊
ぞうすい
具とご飯をみそや醤油で味を付けて粥状に煮た料理。

善哉
ぜんざい
お汁粉の一種。

納豆
なっとう
煮た大豆に納豆菌を繁殖させる発酵食品。

料理の漢字③

饂飩 うどん
小麦粉を塩で練って伸ばして細く切った麺。

海鼠腸 このわた
なまこのはらわたの塩辛。

麦薯蕷 むぎとろ
とろろ汁をかけた麦飯。

卓袱料理 しっぽくりょうり
長崎の地方料理。

羹 あつもの
野菜や魚肉などを入れた熱い吸い物。

熟鮨 なれずし
発酵により酸味をつけた鮨。

巻繊 けんちん
豆腐や野菜を油で炒った料理。

苦汁 にがり
豆腐を固めるために用いられる材料。

料理の漢字④

御強
おこわ
強飯。赤飯。

伸し餅
のしもち
長方形状に薄く伸ばしたもち。

心太
ところてん
てんぐさを溶かして固めた食品。

鯣
するめ
イカの内臓を取り除き干した食品。

醤
ひしお
大豆などでつくるなめみその一種。

雁擬き
がんもどき
崩した豆腐に野菜などを入れた油揚げ。

醪
もろみ
醸造して、粕を漉す前の醤油。

葱鮪
ねぎま
ネギとマグロを合わせて煮る鍋料理。

飲み物の漢字①

珈琲

こーひー

コーヒー豆を煎っていれる飲料。

烏竜茶

うーろんちゃ

中国福建省や台湾でつくられるお茶。

老酒

らおちゅう

中国産醸造酒の総称。

麦酒

びーる

ビール。

御神酒

おみき

神様にお供えするお酒。

曹達水

そーだすい

炭酸ガスが入った清涼飲料水。

野点

のだて

野外でお茶を立てること。またはその茶の湯。

小酒

りきゅーる

混成酒の一つ。

飲み物の漢字②

屠蘇
とそ
年頭に邪気払いの気持ちを込めて飲む薬酒。

温燗
ぬるかん
ぬるめの酒の燗。

濁酒
どぶろく
もろみを漉さない白濁した酒。「にごりざけ」とも。

火酒
うぃすきー
ウィスキー。（ブランデーを表す場合もある）

焙茶
ほうじちゃ
番茶や煎茶などあぶって香りを持たせたお茶。

紹興酒
しょうこうしゅ
中国の醸造酒の一つ。

白湯
さゆ
沸かしただけのお湯。

混合酒
かくてる
カクテル。「こんごうしゅ」とも。

果物の漢字①

苺
いちご
バラ科の多年草、または小低木。

李
すもも
バラ科の落葉小高木。プラム。

無花果
いちじく
クワ科の落葉小高木。果実が食用になる。

凸柑
ぽんかん
ミカン科の常緑小高木。甘味が強く香りが高い。

柚子
ゆず
ミカン科の常緑低木。果実を料理の香味として使う。

桜桃
さくらんぼう
桜の果実の総称。

朱欒
ざぼん
ミカン科の常緑高木。

枸杞
くこ
ナス科の落葉小低木。果実は薬として使われる。

果物の漢字②

西瓜
すいか
ウリ科のつる性一年草。赤、淡黄色の果肉。

檸檬
れもん
ミカン科の常緑低木。酸味と香りが強い。

枇杷
びわ
バラ科の常緑高木。果実が食用になる。

杏子
あんず
バラ科の落葉高木。果実はジャムなどにも用いる。

八朔
はっさく
ミカンの品種の一つ。さくらんぼう桜の果実の総称。

檬果
まんごー
ウルシ科の常緑高木。

茱萸
ぐみ
グミ科常緑低木の総称。果実が食用になる。

木天蓼
またたび
マタタビ科のつる性落葉低木。ネコが好む。

野菜の漢字①

牛蒡
ごぼう
キク科の野菜。細長い根を食べる。

湿地
しめじ
キノコの一種。「占地」とも書く。

蕪
かぶ
アブラナ科の一年生根菜。球状の根を食べる。

胡瓜
きゅうり
ウリ科の一年生果菜。

壬生菜
みぶな
水菜の一種。京都の壬生で栽培されてきた。

茗荷
みょうが
ショウガ科の宿根草。独特の香りがある。

大蒜
にんにく
ユリ科の二年生作物。臭気が強く、香辛料などに使う。

浅葱
あさつき
ユリ科の多年草。ネギ類で葉を食用にする。

野菜の漢字②

豌豆
えんどう
マメ科の二年生作物。グリーンピースなど。

生姜
しょうが
ショウガ科の多年草。薬味などに用いる。

葱
ねぎ
ユリ科の一年生葉菜。葉の部分を食用にする。

南瓜
かぼちゃ
ウリ科の一年生果菜。カンボジアから渡来。

辣韮
らっきょう
ユリ科の多年生作物。独特の臭いで、漬物に用いられる。

独活
うど
ウコギ科の多年草。山地に自生する。

隠元
いんげん
マメ科の作物。サヤごと食用にする。

青梗菜
ちんげんさい
アブラナ科の中国野菜。パクチョイの一種。

野菜の漢字③

芹菜

せろり

セリ科の植物。香味野菜。

蕗の薹

ふきのとう

初春に生えるフキの花茎。

山葵

わさび

アブラナ科の多年草。辛味が強く、薬味などに使う。

蕨

わらび

シダ植物。若葉を食用とする。

薄荷

はっか

シソ科の多年草。香料植物として栽培される。

玉蜀黍

とうもろこし

イネ科の一年生作物。世界三大穀物の一つ。

薺

なずな

アブラナ科の越年草。春の七草の一つ。

粳

うるち

炊いてご飯に使う粘り気の少ない普通の米のこと。

野菜の漢字④

薇
ぜんまい
シダ植物。若葉が開く前に採って食用にする。

菠薐草
ほうれんそう
アカザ科の一年生葉菜。葉を食用にする。

石刁柏
あすぱらがす
ユリ科の西洋野菜。「せきちょうはく」とも。

香菜
しゃんつぁい
セリ科の一年草。中国の香味野菜。

薯蕷芋
とろろいも
とろろにするイモ。

萵苣
ちしゃ・ちさ
キク科の一年生葉菜。レタスもこの一種。

木耳
きくらげ
キクラゲ科のきのこ。

慈姑
くわい
オモダカ科の多年草。地下茎を食用にする。

魚介の漢字①

鰈
かれい
平たい体の海魚。世界に数多くの種類がいる。

細魚
さより
サヨリ科の魚。細長い体で下アゴが突き出ている。

鰯
いわし
マイワシやウルメイワシの総称。

真魚鰹
まながつお
マナガツオ科の海魚。おいしい白身を持つ。

鮃
ひらめ
ヒラメ科の海魚。平たい体で、高級魚として知られる。

鰆
さわら
サバ科の海魚。白身でたいへん美味。

鱧
はも
ハモ科の海魚。ウナギに似た細長い魚。

鯔
ぼら
ボラ科の海魚。成長するにつれ名が変わる出世魚。

魚介の漢字②

河豚
ふぐ
フグ科の魚の総称。

鮎
あゆ
アユ科の淡水魚。美味。

鱚
きす
キス科の海魚の総称。

鯰
なまず
ナマズ科の淡水魚。食用に用いる。

鰌
どじょう
ドジョウ科の淡水魚。

鰊
にしん
ニシン科の海魚。卵はカズノコ。

鮟鱇
あんこう
アンコウ科の海魚。深海に棲息する。

鰺
あじ
アジ科の海魚の総称。一般にはマアジを指す。

魚介の漢字③

栄螺
さざえ
海産の巻貝。刺身やつぼ焼きにして食べる。

鰤
ぶり
アジ科の海魚。成長につれ、名がかわる出世魚。

烏賊
いか
十本の腕を持つ軟体動物。数多くの種類がいる。

柳葉魚
ししゃも
キュウリウオ科の海魚。卵を抱いたメスを食べる。

鰍
かじか
カジカ科の淡水魚。

章花魚
いいだこ
タコの一種。飯粒状の卵を持つことからこの名がある。

鯒
こち
コチ科の海魚。

海鞘
ほや
原索動物の一種。マボヤが食用とされる。

魚介の漢字④

鯊
はぜ

ハゼ科の魚の総称。海水、汽水域、淡水に棲息。

鱸
すずき

スズキ科の海魚。成長するにつれ名がかわる出世魚。

鰰
はたはた

ハタハタ科の海魚。カミナリウオとも呼ばれる。

石首魚
いしもち

ニベ科の海魚。

海鼠
なまこ

きょく皮動物。マナマコが食用とされる。

秋刀魚
さんま

サンマ科の海魚。刀のように身が細い。秋が旬。

水雲
もずく

モズク科の褐藻。食用になる。

醤蝦
あみ

アミ目の甲殻類の総称。エビに似る。

職業の漢字①

左官
さかん
壁塗りを仕事とする職人。

杜氏
とうじ
酒造りの職人。「とじ」ともいう。

鳶職
とびしょく
土木・建築工事に携わる者。

髪結
かみゆい
髪を結う職業。

噺家
はなしか
落語家。かみゆい髪を結う職業。

鷹匠
たかじょう
鷹狩りに使う鷹を飼う人。また鷹狩りを職業とする人。

香具師
やし
露店商。てきや。

海女
あま
海にもぐって貝などを採ることを職業とする女性。

職業の漢字②

棋士 きし
将棋または囲碁を職業とする人。

巫女 みこ
神事を行う女性。

水夫 かこ
船を操る人。「すいふ」とも。

禰宜 ねぎ
神職の総称。宮司の下におかれる職。

杣人 そまびと
きこり。

傀儡師 くぐつし
人形回し。「かいらいし」とも。

教誨師 きょうかいし
刑務所で受刑者を教育する人。

経師屋 きょうじや
ふすまなどの張り替えを行う表具屋。

職業の漢字③

女衒
ぜげん
江戸のころ女性の売買を商売にしていた者のこと。

紺屋
こうや
染物屋。「こんや」が転じた読み。

木挽
こびき
木材を切ることを職業とする人。

研師
とぎし
刃物などを研ぐことを職業とする人。

機屋
はたや
機織りを職業とする人。

石工
いしく
石を切り出して、細工することを職業とする人。

箍屋
たがや
桶や樽のタガをつくる職人。

塗師
ぬし
漆を塗る人。

職業の漢字④

棟梁
とうりょう
大工の親方。

鵜匠
うじょう
鵜飼を職業とする人。「うしょう」とも。

彫師
ほりし
彫り物師。

鍼師
はりし
鍼術を行う人。

樵
きこり
山林の樹木の伐採を職業とする人。

薬師
くすし
医者。

定斎屋
じょうさいや
薬箱を天秤でかついで売り歩いた人。

按針
あんじん
航海士。

住居の漢字①

納戸
なんど
家財、道具などをしまっておく部屋。

母屋
おもや
屋敷の中心となる建物。

厠
かわや
便所。

三和土
たたき
コンクリートで仕上げた土間。

甍
いらか
瓦ぶきの屋根。

閂
かんぬき
出入口を閉ざすための横木。

庇
ひさし
雨、日光を防ぐ片流れの小屋根。

蝶番
ちょうつがい
開き戸を開閉させるための金具。

住居の漢字②

厨房
ちゅうぼう
台所。

裏店
うらだな
裏通りに面した家。

格子戸
こうしど
格子をはめた戸。

框
かまち
戸や窓の周囲の枠。

厩
うまや
馬を飼うための小屋。

露台
ろだい
バルコニー。テラス。

襖
ふすま
和室用の建具。

入母屋
いりもや
屋根の形式の一つ。上は切妻、下は四方に葺きおろす。

住居の漢字③

鴨居
かもい
障子などの建具をはめる場所の上部の横木。

四阿
あずまや
屋根を四方へ葺いただけの建物。

数寄屋
すきや
庭園に建てられた茶室。茶室風の建物。

両下
まや
棟の前後に屋根を葺きおろした建物。

築地塀
ついじべい
瓦ぶきの屋根を付けた土塀。

枝折戸
しおりど
木の枝などでつくった簡素な戸。

閼伽棚
あかだな
仏に供える水を置いておく棚。

暖簾
のれん
商店の入口や、部屋の仕切りにたらす布。

住居の漢字④

雪隠
せっちん
便所。

竈
かまど
土などで作られた煮炊きするための設備。

長押
なげし
柱と柱をつなぐ横材。

荒屋
あばらや
荒れ果てた家。

囲炉裏
いろり
床を四角に切って作った火を焚く所。

格天井
ごうてんじょう
格子状の天井。

葭簀
よしず
葦を編んで作った日よけ。

櫺子
れんじ
窓や戸に木材を縦や横に取り付けたもの。

衣服の漢字①

浴衣
ゆかた
木綿でできたひとえの着物。

外套
がいとう
オーバーコート。

産着
うぶぎ
赤ん坊に着せる着物。

十二単
じゅうにひとえ
女房装束の俗称。

割烹着
かっぽうぎ
料理のときに着る前掛け。

袈裟
けさ
出家者が左肩から右のわきの下にかける布。

狩衣
かりぎぬ
狩りのときに着た衣装。

袷
あわせ
裏付きの和服。

衣服の漢字②

裃

かみしも

上着と袴が一そろいの着物。

作務衣

さむえ

僧の着る作業着。ゆったりとして作業しやすい。

白無垢

しろむく

上着、下着などすべてが白の衣装。婚礼に使われる。

半纏

はんてん

丈の短い羽織のような上着。

襦袢

じゅばん

和装用の肌着。

帷子

かたびら

ひとえの着物。

兵児帯

へこおび

男性や子供がしめるしごき帯。

法被

はっぴ

印半纏。職人などが着る。

衣服の漢字③

縕袍
どてら
綿を厚く入れた広袖の着物。

襷
たすき
和服の袖をたくしあげるときに使うヒモ。

褌
ふんどし
男子の陰部をおおうための細長い布。

綸子
りんず
滑らかでツヤのある紋織物。

絖
ぬめ
ツヤがあってなめらかな絹布。

天鵞絨
びろーど
表面が毛羽でおおわれたなめらかな織物。

絣
かすり
かすれたような模様をつけた織物。

股引
ももひき
男子用の下着。

衣服の漢字④

縮緬
ちりめん
細かなシワをわざと出した絹織物。

留袖
とめそで
既婚女性の礼装として使われる着物。

古代裂
こだいぎれ
古い時代の織物の切れ。

襤褸
ぼろ
着古した着物や古くて役に立たない布切れ。

裘
かわごろも
毛皮でつくった衣。

金襴緞子
きんらんどんす
高価な織物のこと。

莫大小
めりやす
伸縮性が高い布。

襠
まち
衣類などに幅や厚さをもたせるために付ける布。

道具の漢字①

剃刀
かみそり
頭髪やひげをそるための刃物。

扇子
せんす
おうぎ。風を起こして涼むための道具。

団扇
うちわ
あおいで風を起こすための道具。

蚊帳
かや
蚊を防ぐために寝床をおおう道具。

巾着
きんちゃく
口を紐でくくって締める布製の小物入れ。

鋏
はさみ
紙などを切る道具。二枚の刃ではさむ。

懐炉
かいろ
懐に入れて体を暖める道具。

蒸籠
せいろ
釜の上に載せて、食品を蒸す容器。「せいろう」とも。

道具の漢字②

急須
きゅうす
煎茶をいれるための器具。

薬缶
やかん
アルミ製などの湯を沸かすための容器。

算盤
そろばん
珠の上下により四則演算ができる計算具。

湯湯婆
ゆたんぽ
金属製などの容器にお湯を入れて寝床を温める道具。

米櫃
こめびつ
米を保存しておくための容器。

漏斗
じょうご
口の小さな容器に液体を入れやすくする道具。

猪口
ちょこ
小さな陶製のさかずき。「ちょく」とも。

卓袱台
ちゃぶだい
短い足がついたテーブル。

道具の漢字③

擂鉢
すりばち

すりこぎを用いて食品をすりつぶすための容器。

煙管
きせる

きざみたばこを吸うための道具。

俎板
まないた

包丁で切るときに下に敷く板。

鑿
のみ

木や石を加工するための道具。

鑢
やすり

工作物の面を平らに削るための道具。

畚
もっこ

石や土などを運ぶための道具。

撥条
ばね

弾性を利用して動力にするもの。「ぜんまい」も同じ字。

螺子
ねじ

物をしめて固定するための部品。

道具の漢字④

杓文字
しゃもじ
飯をすくうための道具。

独楽
こま
円錐形の胴を回して遊ぶおもちゃ。

鶴嘴
つるはし
土を掘り起こすための道具。

刷毛
はけ
糊などを塗るための道具。獣毛などでできる。

散蓮華
ちりれんげ
陶磁器製のさじ。

溲瓶
しびん
病人が排尿するための器。

盤陀鏝
はんだごて
はんだを溶かす道具。

靴篦
くつべら
靴を履くときに足を入れやすくする道具。

商業は卑しい職業？

「商業」―この言葉が成立したのが紀元前約1000年だというと、多くの人が驚くのではないだろうか。それとも、商業中心の今の世界を思い、さもありなんと考えるだろうか。しかしながら、この「商業」という漢語（漢字の熟語）の成立は、今の商業の発展を想像させるような華々しいものではなかった。

中国最初の王朝は夏（か）とされるが、遺跡などからはっきりとその存在が確認されているのは次の「商」という王朝である。一般にその都「殷」の名で知られている。商は河南省を中心に隆盛をきわめたが、やがて周という新興国に滅ぼされてしまう。

周は、商の王族達をその先祖に対する祭祀を行わせるために生かしておいた。しかし、その一方で彼らからいっさいの生活手段をとりあげてしまったのだ。商の子孫は生きていくために、しかたなく品物を輸送して手間賃を稼ぐ仕事をするようになった。そうした何も生産しない商の人々の仕事を、周の人は軽蔑を込めて「商業」と呼ぶようになったという。つまり、卑賎の職として商業は生まれたのだ。周の人々にとって現在の商業の発達は想像だにできなかったに違いない。

漢字レベル3

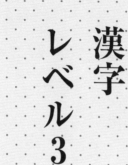

歴史の漢字①

漢委奴国王

かんのわのなのこくおう

後漢の皇帝から贈られた金印の文字。

検非違使

けんびいし

古代の官職。今でいう裁判官と検察官を兼ねたもの。

舎人

とねり

貴族に仕え、雑役を行った下級の官人。

蝦夷

えみし

北関東から北海道に住み、朝廷に服従しなかった人々。

采女

うねめ

宮中で日々の雑務を受け持つ女官。

辛亥革命

しんがいかくめい

中華民国が成立した民主主義革命。

和同開珎

わどうかいちん

日本最初の銭。「わどうかいほう」とも。

廃仏毀釈

はいぶつきしゃく

神道を国家宗教にするため、仏教を排する運動。

歴史の漢字②

大化改新

たいかのかいしん

645年の中大兄皇子によるクーデター。

防人

さきもり

大陸からの侵入に備え、九州北部に派遣された兵士。

元和偃武

げんなえんぶ

大坂夏の陣以降、世の中が平和になったこと。

倭寇

わこう

13世紀から中国・朝鮮に出没した日本人の海賊。

版籍奉還

はんせきほうかん

藩主が土地、領民を朝廷に返還したこと。

扶持

ふち

武士の給与。米で与えられた。

八紘一宇

はっこういちう

太平洋戦争期の日本のスローガン。世界を一つの家に。

頼母子

たのもし

金銭を融通しあうための庶民の相互扶助組織。

歴史の漢字③

介錯

かいしゃく

切腹する人の首を斬ること。

与力

よりき

江戸時代の奉行などの部下として事務を補佐。

年貢

ねんぐ

領主に毎年納める貢租。

白洲

しらす

江戸時代に罪人を裁いた場所。

隠密

おんみつ

将軍などの命によりスパイ活動を行った者。

側女

そばめ

すぐ近くで仕える女。本妻以外の妻のこと。

月代

さかやき

髷を結うために額から頭の中央にかけて髪を剃った所。

曲者

くせもの

怪しい者。

歴史の漢字④

目明し
めあかし

与力や同心から金をもらい、犯人捜査を行う町人。

名主
なぬし

江戸時代の村の長。

奉行
ぶぎょう

武家時代の職名。分担してさまざまな公事を執行する。

天誅
てんちゅう

天罰。また、天に代わり罰すること。

闇討
やみうち

暗闇にまぎれて人を襲うこと。

旅籠
はたご

江戸時代の宿。

助太刀
すけだち

加勢すること。

拙者
せっしゃ

武士が自分のことをいうときの言葉。

歴史の漢字⑤

日本武尊
やまとたけるのみこと
景行天皇の子。熊襲征伐など。

卑弥呼
ひみこ
邪馬台国の女王。

武内宿禰
たけのうちのすくね
二百年以上天皇に仕えたという伝説の人物。

稗田阿礼
ひえだのあれ
天武天皇の舎人。抜群の記憶力があったという。

平維盛
たいらのこれもり
平安末期の武将。源頼朝と対陣。

足利尊氏
あしかがたかうじ
室町幕府の初代将軍。

長宗我部元親
ちょうそかべもとちか
戦国大名。四国を統一した。

陶晴賢
すえはるかた
室町末期の武将。主君大内義隆にそむく。

歴史の漢字⑥

小野妹子
おののいもこ
第一回遣隋使の一人。

山背大兄王
やましろのおおえのおう
聖徳太子の子。

衣通姫
そとおりひめ
伝説の美女。衣を通して光り輝くほど肌が美しかった。

役小角
えんのおづぬ
修験道の開祖。役行者。

高師直
こうのもろなお
足利尊氏の忠臣。足利政権成立に貢献。

大友宗麟
おおともそうりん
戦国時代の大名。キリシタン大名として知られる。

吉川元春
きっかわもとはる
戦国時代の武将。毛利元就の子。

徳川光圀
とくがわみつくに
江戸期の水戸藩主。水戸黄門。

歴史の漢字⑦

大石主税

おおいしちから

赤穂浪士の一人。大石内蔵助の息子。

由井正雪

ゆいしょうせつ

江戸時代の軍学者。クーデターを企てるが失敗。

支倉常長

はせくらつねなが

江戸初期の仙台藩士。渡欧しローマ法王に拝謁。

田沼意次

たぬまおきつぐ

江戸中期の幕臣。さまざまな改革を進めた。

木戸孝允

きどたかよし

幕末の志士。維新政府の中心。

森有礼

もりありのり

初代文部大臣。

乃木希典

のぎまれすけ

明治時代の軍人。日清、日露戦争で活躍。

山本五十六

やまもといそろく

連合艦隊司令長官。真珠湾攻撃などを指揮。

歴史の漢字⑧

吉良上野介
きらこうずけのすけ
江戸中期の幕臣。赤穂浪士の討ち入りを受ける。

伊能忠敬
いのうただたか
日本最初の実測地図をつくった。

井伊直弼
いいなおすけ
江戸末期の大老。安政の大獄といわれる弾圧を行った。

坂本竜馬
さかもとりょうま
幕末の志士。薩長連合の立役者。

榎本武揚
えのもとたけあき
幕末から明治にかけての政治家。

谷干城
たにたてき
明治期の政治家。元土佐藩士。

西園寺公望
さいおんじきんもち
元首相。パリ講和会議首席全権委員。

東久邇稔彦
ひがしくになるひこ
第二次大戦後、初の首相。

古典芸能の漢字①

十八番
おはこ
市川家のお家芸歌舞伎十八番。転じて得意とすること。

勧進帳
かんじんちょう
歌舞伎十八番の一つ。源義経と弁慶が主役。

濡事
ぬれごと
歌舞伎で演じられる情事のこと。

見得
みえ
歌舞伎で役者がにらむようなポーズを一瞬とること。

隈取
くまどり
歌舞伎の化粧法の一つ。

仁輪加
にわか
即興で演じる寸劇。

黒衣
くろご
歌舞伎の後見役のこと。「くろこ」とも。

三番叟
さんばそう
能の翁の役名。

古典芸能の漢字②

大喜利

おおぎり

芝居や寄席などで最後に上演される出し物。

女形

おやま

歌舞伎で女役を演じる男性の役者。

都々逸

どどいつ

俗曲の一つ。七七七五調で歌われる。

阿漕

あこぎ

能の一つ。内容から強欲なという意味が生じた。

真打

しんうち

寄席で最後に出演する最上の芸人。

寿限無

じゅげむ

落語の演題の一つ。

囃子

はやし

芸能の雰囲気を高めるために奏でる音楽。

纏頭

はな

芸人に与える金品。

昔の地名の漢字①

出雲
いずも
現在の島根県東部。

上総
かずさ
現在の千葉県中央部。

陸奥
むつ
現在の青森県および岩手県の一部。

播磨
はりま
現在の兵庫県南西部。

石見
いわみ
現在の島根県西部。

豊後
ぶんご
現在の大分県中部および南部。

周防
すおう
現在の山口県東部。

後志
しりべし
現在の北海道の一部。

昔の地名の漢字②

上野
こうずけ
現在の群馬県。

常陸
ひたち
現在の茨城県の大部分。

但馬
たじま
現在の兵庫県北部。

美作
みまさか
現在の岡山県北部。

遠江
とおとうみ
現在の静岡県西部。

安房
あわ
現在の千葉県南部。

伯耆
ほうき
現在の鳥取県西部。

河内
かわち
現在の大阪府東部。

外国名の漢字①

伊太利
いたりあ

イタリア共和国。首都ローマ。

英吉利
いぎりす

グレートブリテンおよび北アイルランド連合王国。

葡萄牙
ぽるとがる

ポルトガル共和国。首都リスボン。

仏蘭西
ふらんす

フランス共和国。首都パリ。

比律賓
ふぃりぴん

フィリピン共和国。首都マニラ。

羅馬尼亜
るーまにあ

ルーマニア。首都ブカレスト。

秘露
ぺるー

ペルー共和国。首都リマ。

叙利亜
しりあ

シリア=アラブ共和国。首都ダマスカス。

外国名の漢字②

愛蘭
あいるらんど
アイルランド共和国。首都ダブリン。

墺太利
おーすとりあ
オーストリア共和国。首都ウィーン。

西班牙
すぺいん
スペイン。首都マドリード。

和蘭
おらんだ
オランダ王国。首都アムステルダム。

愛斯蘭
あいすらんど
アイスランド共和国。首都レイキャヴィク。

哥倫比亜
ころんびあ
コロンビア共和国。首都サンタフェ＝デ＝ボゴタ。

埃及
えじぷと
エジプト＝アラブ共和国。首都カイロ。

几内亜
ぎにあ
ギニア共和国。首都コナクリ。

日本の地名の漢字①

妻籠

つまご

長野県南木曽町の集落。中山道の宿場町だった。

修善寺

しゅぜんじ

静岡県伊豆半島北部の温泉町。

宍道湖

しんじこ

島根県島根半島南側にある湖。

城崎温泉

きのさきおんせん

兵庫県城崎町の温泉。

指宿

いぶすき

鹿児島県薩摩半島の温泉地。砂蒸し風呂で有名。

八街

やちまた

千葉県中部にある市。落花生の産地として知られる。

潮来

いたこ

茨城県の町。水郷観光の町。

当麻

たいま

奈良県北葛城郡の町。

日本の地名の漢字②

英虞湾
あごわん
三重県志摩半島南部の湾。美しいリアス式海岸。

東尋坊
とうじんぼう
福井県北部の景勝地。

忍野八海
おしのはっかい
山梨県忍野村にある湧水池。

大歩危
おおぼけ
徳島県吉野川の峡谷。景勝地として知られている。

枚方
ひらかた
大阪府北東部の市。

択捉島
えとろふとう
千島列島最大の島。

糸魚川
いといがわ
新潟県南西部の市。翡翠を産出。

太秦
うずまさ
京都市右京区の地区。映画村があることで知られる。

鳥の漢字①

軍鶏

しゃも

ニワトリの一種。闘鶏用。

鵞鳥

がちょう

雁を飼育用に改良したもの。

鵜

う

ペリカン目ウ科の鳥の総称。

鷺

さぎ

サギ科の鳥の総称。世界各地に分布する水鳥。

郭公

かっこう

カッコウ科の鳥。「カッコウ」と鳴く。

鶺鴒

せきれい

水辺に多く棲んで、尾を上下に振り、虫をついばむ。

信天翁

あほうどり

アホウドリ科の鳥の総称。

木菟

みみずく

耳のように見える飾り羽を持つフクロウ科の鳥。

鳥の漢字②

梟
ふくろう

フクロウ科の鳥の総称。

鶉
うずら

キジ科の鳥。身と卵が食用になる。

鵲
かささぎ

カラス科の鳥。天然記念物。

鳶
とび

タカ科の鳥。トンビともいわれる。

懸巣
かけす

カラス科の鳥。ほかの動物の音声などをまねる。

翡翠
かわせみ

カワセミ科の鳥の総称。

金糸雀
かなりあ

アトリ科の小鳥。美しい声で鳴く。

緑啄木鳥
あおげら

キツツキ科の鳥。日本特産。

鳥の漢字③

百舌
もず
モズ科の鳥の総称。獲物を小枝に突き刺す習性がある。

時鳥
ほととぎす
カッコウ科の鳥。

鸚哥
いんこ
オウム目のオウム類を除く鳥の総称。

鵤
いかる
アトリ科の小鳥。ムクドリぐらいの大きさ。

鸛
こうのとり
コウノトリ科の鳥。特別天然記念物に指定されたが絶滅。

鴛鴦
おしどり
カモ科の水鳥。つがいの仲がいいことで知られる。

十姉妹
じゅうしまつ
カエデチョウ科の鳥。愛玩用。

水鶏
くいな
クイナ科の鳥の総称。

鳥の漢字④

鶚
みさご
タカ科の鳥。カモメに似た鳥。

鵞
あひる
マガモを改良した飼育用の鳥。

鸚鵡
おうむ
オウム目のインコ類を除く鳥の総称。

鷽
うそ
アトリ科の鳥。口笛のような鳴き声。

矮鶏
ちゃぼ
ニワトリの一種で愛玩用。

黄鶲
きびたき
ヒタキ科の小鳥。美しい鳴き声を持つ。

珠鶏
ほろほろちょう
キジ科の鳥。家禽化される。

鷦鷯
みそさざい
ミソサザイ科の小鳥。

獣の漢字①

土竜
もぐら
モグラ科のほ乳類の総称。

羆
ひぐま
大型のクマ。

驢馬
ろば
ウマ科のほ乳類。家畜として飼われる。

貂
てん
イタチ科のほ乳類。

獺
かわうそ
イタチ科のほ乳類。

白鼻心
はくびしん
ジャコウネコ科のほ乳類。

食蟻獣
ありくい
アリクイ科のほ乳類。長い舌でアリを食べる。

浣熊
あらいぐま
アライグマ科のほ乳類。

獣の漢字②

河馬
かば
水中生活に適応したカバ科のほ乳類。

駱駝
らくだ
ラクダ科のほ乳類の総称。

鼬
いたち
イタチ科のほ乳類の総称。

熊猫
ぱんだ
ジャイアントパンダとレッサーパンダ。

羚羊
かもしか
ウシ科カモシカ属のほ乳類。

犀
さい
サイ科のほ乳類。一本または二本の角を持つ。

鴨嘴
かものはし
単孔類のほ乳類。カモのようなクチバシを持つ。

穿山甲
せんざんこう
有鱗類のほ乳類。アルマジロに似る。

獣の漢字③

麒麟

きりん

キリン科のほ乳類。長い首を持つ。

猩猩

しょうじょう

オランウータンのこと。想像上の動物を指すことも。

更格盧

かんがるー

有袋類カンガルー科のほ乳類。お腹の袋で子を育てる。

狆

ちん

イヌの一品種。愛玩犬。

蝙蝠

こうもり

ほ乳類の一種で飛ぶことができる。

豪猪

やまあらし

ヤマアラシ科のほ乳類。トゲ状になった体毛で身を守る。

麞

のろ

シカの一種で、小型のもの。

狢

むじな

アナグマの異名。

獣の漢字④

溝鼠
どぶねずみ

ネズミ科のほ乳類。床下や下水の近くに多くすむ。

冬眠鼠
やまね

ヤマネ科の小型のほ乳類。日本特産。

馴鹿
となかい

シカ科のほ乳類。

樹懶
なまけもの

ナマケモノ科のほ乳類。樹上で暮らす。

箆鹿
へらじか

世界最大のシカ。オスは巨大な角を持つ。

馬来熊
まれーぐま

クマの一種。東南アジアに分布している。

蝟
はりねずみ

ハリネズミ科のほ乳類。全身に針のような毛を持つ。

斑馬
しまうま

ウマ科のほ乳類。全身が黒と白の縞になっている。

獣の漢字⑤

海豚
いるか
ハクジラ類の小型種の総称。淡水にすむ種類もいる。

海驢
あしか
アシカ科の海獣。

海象
せいうち
セイウチ科の海獣。大型で体長3mになる場合も。

猟虎
らっこ
イタチ科の海獣。石を使ってエサの殻を割る。

儒艮
じゅごん
ジュゴン科のほ乳類。人魚伝説のモデル。

巨頭鯨
ごんどうくじら
イルカ科ゴンドウクジラ属のほ乳類。イカや魚を捕食。

鬚鯨
ひげくじら
ヒゲクジラ亜目のクジラの総称。

砂滑
すなめり
ネズミイルカ科のイルカ。日本の沿岸にも棲息。

獣の漢字⑥

鯱
しゃち
イルカ科のほ乳類。どう猛なことで知られる。

海豹
あざらし
アザラシ科の海獣。寒帯に分布。

玳瑁
たいまい
海ガメの一種。

膃肭臍
おっとせい
アシカ科のほ乳類。

抹香鯨
まっこうくじら
ハクジラ類では最大のもの。

背美鯨
せみくじら
クジラの一種。

白長須鯨
しろながすくじら
ナガスクジラ科のほ乳類。地球で最大の動物。

胡獱
とど
アシカ科のほ乳類。アシカの仲間では最大。

昆虫の漢字①

蟻

あり

アリ科の昆虫。地中などに巣をつくり集団で棲む。

蝶

ちょう

チョウ目のガ以外の昆虫の総称。美しい模様がある。

飛蝗

ばった

バッタ科の昆虫の総称。

蟷螂

かまきり

カマキリ科の昆虫。鎌のような前脚がある。

螻蛄

けら

直翅目ケラ科の昆虫。昼は土中に棲む。

水馬

あめんぼ

半翅目アメンボ科の昆虫の総称。

蜈蚣

むかで

節足動物の一種。毒を持つ。

壁蝨

だに

節足動物の一種。人畜に寄生して血を吸う。

昆虫の漢字②

螢

ほたる

ホタル科の甲虫。腹部が発光することで知られる。

蟋蟀

こおろぎ

コオロギ科の昆虫。長い後脚で跳躍する。

蜻蛉

とんぼ

トンボ目の昆虫の総称。「かげろう」とも。

蜉蝣

かげろう

カゲロウ目の昆虫の総称。

椿象

かめむし

半翅目カメムシ科の昆虫の総称。

孑孑

ぼうふら

蚊の幼虫。汚水に棲む。

天牛

かみきりむし

カミキリムシ科の甲虫。

浮塵子

うんか

半翅目ウンカ科の昆虫。作物に害を及ぼす。

植物の漢字①

向日葵
ひまわり
キク科の一年草。種子から食用油をとる。

菫
すみれ
スミレ科スミレ属の植物。紫などの色の花をつける。

菖蒲
あやめ
アヤメ科の多年草。

撫子
なでしこ
ナデシコ科の多年草。秋の七草の一つ。

芍薬
しゃくやく
ボタン科の多年草。漢方薬に用いる。

蒲公英
たんぽぽ
キク科タンポポ属の多年草。

芒
すすき
イネ科の多年草。

杜若
かきつばた
アヤメ科の多年草。

植物の漢字②

秋桜

こすもす

キク科の一年草。淡紅色などの花をつける。

女郎花

おみなえし

オミナエシ科の多年草。秋の七草の一つ。

金鳳花

きんぽうげ

キンポウゲ科の多年草。

竜胆

りんどう

リンドウ科の多年草。

鈴蘭

すずらん

ユリ科の多年草。

薊

あざみ

クマの一種。東南アジアに分布している。

弟切草

おとぎりそう

オトギリソウ科の多年草。

勿忘草

わすれなぐさ

ムラサキ科の多年草。

植物の漢字③

胡蝶蘭
こちょうらん
ラン科の常緑多年草。

桔梗
ききょう
キキョウ科の多年草。根が漢方薬に使われる。

仙人掌
さぼてん
サボテン科の植物の総称。

車前
おおばこ
オオバコ科の多年草。

含羞草
おじぎそう
マメ科の一年草。刺激を受けると葉を閉じる。

酸漿
ほおずき
ナス科の多年草。果実の種子をのぞいて、吹き鳴らす。

吾亦紅
われもこう
バラ科の多年草。

和蘭撫子
かーねーしょん
ナデシコ科の多年草。

植物の漢字④

靫蔓

うつぼかずら

ウツボカズラ科の食虫植物。

擬宝珠

ぎぼうし

ユリ科の多年草。

金盞花

きんせんか

キク科の一年草。

鴛鴦菊

とりかぶと

キンポウゲ科の多年草。根は猛毒。

石蕗

つわぶき

キク科の多年草。

沢瀉

おもだか

オモダカ科の多年草。

風信子

ひやしんす

ユリ科の多年草。

鬱金香

ちゅーりっぷ

ユリ科の多年草。観賞用として知られる。

植物の漢字⑤

楓
かえで
カエデ科の植物の総称。紅葉が美しい。

樅
もみ
マツ科の常緑針葉樹。

寄生木
やどりぎ
ヤドリギ科の常緑低木。落葉広葉樹に寄生する。

木犀
もくせい
モクセイ科の常緑小高木。

石南花
しゃくなげ
ツツジ科の常緑低木。

翌檜
あすなろ
ヒノキ科の常緑高木。日本特産。

棕櫚
しゅろ
ヤシ科の常緑高木。

百日紅
さるすべり
ミソハギ科の落葉高木。

植物の漢字⑥

公孫樹
いちょう
イチョウ科の落葉高木。

欅
けやき
ニレ科の落葉高木。家具材などに使われる。

沈丁花
じんちょうげ
ジンチョウゲ科の常緑低木。

椚
くぬぎ
ブナ科の落葉高木。

山茶花
さざんか
ツバキ科の常緑小高木。

忍冬
すいかずら
スイカズラ科の常緑蔓性木本。

木瓜
ぼけ
バラ科の落葉低木。

落葉松
からまつ
マツ科の落葉高木。

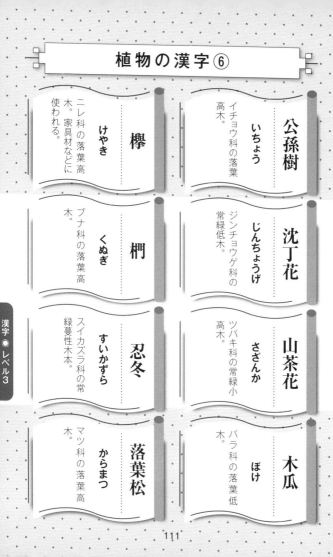

植物の漢字⑦

沙羅双樹
さらそうじゅ
フタバガキ科の常緑高木。

櫨
はぜのき
ウルシ科の落葉高木。「はぜ」ともいう。

夾竹桃
きょうちくとう
キョウチクトウ科の常緑大低木。

辛夷
こぶし
モクレン科の落葉高木。

凌霄花
のうぜんかずら
ノウゼンカズラ科の蔓性落葉樹。

木通
あけび
アケビ科の落葉低木。

木五倍子
きぶし
キブシ科の落葉小高木。

酢漿草
かたばみ
カタバミ科の多年草。

植物の漢字⑧

躑躅
つつじ

ツツジ科ツツジ属の植物の通称。

白檀
びゃくだん

ビャクダン科の半寄生常緑高木。

接骨木
にわとこ

スイカズラ科の落葉大低木。

梔子
くちなし

アカネ科の常緑低木。果実は漢方薬に。

満天星
どうだんつつじ

ツツジ科の落葉低木。

檳榔樹
びんろうじゅ

ヤシ科の常緑高木。

榕樹
がじゅまる

クワ科の常緑高木。

山毛欅
ぶな

ブナ科の落葉高木。

自然現象の漢字①

陽炎
かげろう
大気が熱せられて風景がゆらいで見える現象。

靄
もや
空気中に小さな水滴が浮いている状態。霧より薄い。

時雨
しぐれ
初冬の降ったりやんだりする雨。

雪崩
なだれ
積もった雪が一気に崩れる現象。

霹靂
へきれき
カミナリ。

旋風
つむじかぜ
渦を巻いて吹く風。

雹
ひょう
雷雨とともに降ることが多い氷の粒。

霙
みぞれ
空中で雪が溶け、雨まじりになるもの。

自然現象の漢字②

山颪
やまおろし
山から吹き下ろす風。

霞
かすみ
空気中に微細な水滴が浮いた状態。

凩
こがらし
初冬に吹く、強く冷たい風。

氷雨
ひさめ
みぞれに似て、冷たい雨。

薫風
くんぷう
初夏に吹くさわやかな風。

疾風
はやて
急に激しく吹いて一時間ぐらいでやむ風。

白南風
しらはえ
梅雨明けに吹く南風。

氷柱
つらら
雪や雨の滴が氷って、垂れたもの。

自然現象の漢字③

颱風

たいふう

風速毎秒17・2m以上に発達した熱帯低気圧。

五月雨

さみだれ

陰暦五月ごろに降る長雨。

微風

そよかぜ

静かにそよそよと吹く風。

東風

こち

東から吹く風。特に春に吹くもの。

細雪

ささめゆき

こまかに降る雪。

雪催い

ゆきもよい

雪が降りそうな空模様。

晩霜

おそじも

四~五月に降りる霜。「ばんそう」とも。

虎落笛

もがりぶえ

笛のような音を出す冬の強い風。

自然現象の漢字④

秋霖
しゅうりん
秋の長雨。

旱魃
かんばつ
雨が長い間降らない状態。日照り。

真風
まじ
南風。

不知火
しらぬい
夜の海に光が浮いて見える現象。

叢雨
むらさめ
にわか雨。

斑雪
はだれゆき
うっすらと降った雪。

昊天
こうてん
夏の空。広い空。

爽籟
そうらい
さわやかな秋風。

中国と日本は「カンジ」が違う？

周知のように漢字は中国から伝わったもので、現在どちらの国でも漢字を使っている。しかし、長い年月の中で、まったく違う意味になってしまった漢字も数多い。

例えば「湯」。これはご存じの方も多いと思うが中国では料理のスープのことを意味する。中国では筆談ができると安心していると、思わぬ失敗をすることになる。ここではそんな漢字をいくつかあげてみよう。

「汽車」は中国では自動車のことをいう。「手紙」がほしいというと、なぜかトイレットペーパーを手渡されることに。お婆ちゃんといっしょに旅行することがあっても、決して「婆」などと紹介しないこと。「婆」は中国では「妻」という意味なので、とんでもない誤解を招くことになる。

他にも麻雀＝雀、検討＝反省、走＝歩く、娘＝母親、大家＝みんな、困＝眠い、気＝怒る、などなど枚挙にいとまがない。長い歴史のなかで、それぞれの国によって漢字が進化を遂げていった証拠であり、これからもお互いに刺激しあいならが進化していくに違いない。

漢字レベル4

武器・武具の漢字①

竹刀

しない

剣道の練習に使う竹製の刀。

薬莢

やっきょう

鉄砲の火薬を詰める容器。

兵糧

ひょうろう

兵士の食糧。

加農砲

かのんほう

カノン砲。戦艦や戦車の主砲となるもの。

梯団

ていだん

軍隊を区分する単位の一つ。

鍔

つば

刀の柄と刀身の間にはさんで、手を保護するもの。

鎖帷子

くさりかたびら

鎖でつくった防具。鎧の下に着込んだ。

輜重

しちょう

前線に補充する物資・軍需品。

武器・武具の漢字②

鞘
さや
刀身をおさめる筒。

甲冑
かっちゅう
戦闘のときに体を守るために着けるよろいとかぶと。

鏑矢
かぶらや
音を発するかぶらを付けた矢。

狼煙
のろし
軍事的な合図などを送るために高く上げられる煙。

焼夷弾
しょういだん
火炎によって人や建物を殺傷破壊する武器。

堡塁
ほうるい
石や土で築いたとりで。「ほるい」とも。

艨艟
もうどう
軍艦。

邀撃
ようげき
迎え撃つこと。

犯罪の漢字①

詐欺
さぎ
人をあざむいて金品などをだまし取ること。

賄賂
わいろ
職務に関して、不正な目的で贈る金品。

美人局
つつもたせ
情婦に他の男を誘惑させて、それをネタに恐喝を働く。

騒擾罪
そうじょうざい
多人数が集合して公共を害する犯罪。現在の騒乱罪。

讒誣
ざんぶ
事実とは異なることをいい、人を陥れること。

轢逃
ひきにげ
自動車などで人を轢いてそのまま逃げる行為。

贓物
ぞうぶつ
盗みなどの犯罪により手に入れた金品。

窩主買
けいずかい
盗品を売買すること。

犯罪の漢字②

幇助
ほうじょ
他人の違法な行為を手助けすること。

撲殺
ぼくさつ
なぐり殺すこと。

詐称
さしょう
氏名・年齢などを偽ること。

呑行為
のみこうい
違法な取引の一つ。

贖罪
しょくざい
善行などにより罪をつぐなうこと。

掏摸
すり
人が身に付けている財布などをこっそり抜き取る行為。

虞犯少年
ぐはんしょうねん
性格などから将来犯罪を起こすとみられる未成年。

強請
ゆすり
人をおどして金品を取る犯罪。

裏社会の漢字①

仁侠
にんきょう
おとこぎ。

娑婆
しゃば
刑務所などから見た外の世界。

賽子
さいころ
すごろくやばくちで使われる用具。

縄張
なわばり
暴力団などの勢力範囲。

侠客
きょうかく
仁侠の世界に生きる人。渡世人。

見ケ〆料
みかじめりょう
用心棒代。

盃事
さかずきごと
約束を固めるため杯を取り交わすこと。

筒元
どうもと
賭け事を開く者。

裏社会の漢字②

博打
ばくち
金品をかけて勝負すること。

無頼漢
ぶらいかん
ならずもの。

麻雀
まーじゃん
中国が起源の遊具。

賭場
とば
賭け事をする場所。

町奴
まちやっこ
江戸初期の仁侠の徒。

聴牌
てんぱい
麻雀の用語。あと一枚で上がりになる状態。

盆茣蓙
ぼんござ
丁半博打のときにつぼを伏せるござのこと。

如何様
いかさま
いんちき。ぺてん。

けなす漢字①

盆暗
ぼんくら
ぼんやりした者。うつけもの。

下衆
げす
心が卑しいもの。身分が低い者。

頓馬
とんま
のろま。うすばか。

性悪
しょうわる
性質の良くない人間。

碌で無し
ろくでなし
役立たず。

驕慢
きょうまん
おごり高ぶること。

吝嗇
りんしょく
けち。物惜しみ。

穀潰し
ごくつぶし
食べるだけで役に立たない人間。

けなす漢字②

腑抜け
ふぬけ
意気地なし。こしぬけ。

不細工
ぶさいく
容貌が美しくないこと。

破廉恥
はれんち
恥知らず。悪い行いをすること。

薄鈍
うすのろ
動作や反応が鈍い人間のこと。

村夫子
そんぷうし
地方の学者。見識が狭い学者をけなしていう言葉。

安本丹
あんぽんたん
ばか。愚か者。

守銭奴
しゅせんど
金銭欲が異常に強い者。

惚茄子
ぼけなす
ぼんやりしている人をあざけっていう語。

業界用語の漢字①

主協
ぬしきょう
日本広告主協会の略。（放送）

付物
つきもの
本につける帯やカバーなどのこと。（出版業界）

迫
せり
床を一部、切り取り役者を上げ下げする装置。（演劇）

旗艦店
きかんてん
複数の店舗の中でも代表となる店。（アパレルなど）

設変
せっぺん
設計変更。「せつへん」とも。（製造業）

途転
どてん
取引の方針を転換すること。（商品先物）

法面
のりめん
斜面。傾きのある面。

爾後
じご
初乗り以降の料金のこと。加算。（タクシー）

業界用語の漢字②

孤本
こほん
世の中に一冊しか現存しない本。（古書・古本）

日足
ひあし
相場の一日の動きを線などで表した表。（証券）

産駒
さんく
「〇〇（馬の名）」が生んだ馬という意味。（競馬）

贓品
ぞうひん
盗難品。（警察）

内見
ないけん
購入希望者に物件の内部見学をさせること。（不動産）

書割
かきわり
舞台に置かれる描かれた背景。（演劇）

炭団
たどん
黒星。（相撲）

清拭
せいしき
看護士が患者の体をきれいにふくこと。（病院）

スポーツの漢字①

蹴球
しゅうきゅう
サッカーのこと。

相撲
すもう
日本の国技。

醜名
しこな
力士の呼び名。

功夫
かんふー
中国の拳法。「クンフー」とも。

腕捻り
かいなひねり
相撲の決まり手の一つ。

撞球
どうきゅう
ビリヤードのこと。

筋斗返り
とんぼがえり
空中で体を一回転させること。

籠球
ろうきゅう
バスケットボールのこと。

スポーツの漢字②

禁手
きんて

禁じ手。

太極拳
たいきょくけん

中国の拳法。現在は健康法の一つとして知られている。

両差
もろざし

相撲で、両手を相手のわきにうまく入れること。

鞍馬
あんば

男子体操競技の一つ。

関脇
せきわけ

力士の位の一つ。

前褌
まえみつ

力士の前まわし。

打棄り
うっちゃり

相撲の決まり手の一つ。

蹲踞
そんきょ

剣道や相撲の基本姿勢。

色の漢字①

紺
こん
紫混じりの青。

山吹色
やまぶきいろ
若干赤が混じった鮮やかな黄色。

唐紅
からくれない
濃い紅色。

橙色
だいだいいろ
赤色と黄色の中間色。オレンジ色。

黄蘗色
きはだいろ
赤みの少ない黄色。

鴇色
ときいろ
少し灰色が入った淡紅色。

葡萄色
えびいろ
赤みを帯びた紫。

代赭色
たいしゃいろ
茶が混じっただいだい色。

色の漢字②

臙脂色
えんじいろ
黒みを帯びた濃い紅色。

群青色
ぐんじょういろ
鮮やかな美しい青色。

鳶色
とびいろ
赤みがかった茶色。

亜麻色
あまいろ
灰色がかった薄い茶色。

土器色
かわらけいろ
黒みがかった黄色。

鬱金色
うこんいろ
鮮やかで濃い黄色。

麹塵
きくじん
灰色が入った黄緑。

縹色
はなだいろ
薄い藍色。

動詞の漢字①

喘ぐ
あえぐ
苦しそうに息をする。

睨む
にらむ
するどい視線でじっと見る。

労る
いたわる
同情の気持ちを持ち、やさしく接する。

糺す
ただす
道理を明らかにする。

魂消る
たまげる
たいへんびっくりする。

噤む
つぐむ
口を閉じる。

戦慄く
わななく
恐怖などのために体が小刻みに震える。

蟠る
わだかまる
心の中に不満を残す。

動詞の漢字②

疼く

うずく

ずきずきと痛む。

緩む

ゆるむ

緊張が解ける。

論う

あげつらう

欠点などをことさらに言い立てる。

勤しむ

いそしむ

励む。

蠢く

うごめく

もぞもぞ動く。

齎す

もたらす

持って来る。

嗾ける

けしかける

人や犬などを勢いづけて相手に向かわせる。

恍ける

とぼける

知っているのに知らないふりをする。

形容詞の漢字①

愛しい
いとしい
かわいい。恋しい。

姦しい
かしましい
耳障りでうるさい。

約しい
つましい
地味で質素な。

毳毳しい
けばけばしい
品がなくなるほど派手である。

疚しい
やましい
うしろめたい。

猛猛しい
たけだけしい
勇猛である。ずうずうしい。

捗捗しい
はかばかしい
順調に物事がすすんでいる様子。

凛凛しい
りりしい
ひきしまって勇ましい。

形容詞の漢字②

目紛しい
めまぐるしい
変化が激しい様子。

慎ましい
つつましい
遠慮深い。ひかえめ。

禍禍しい
まがまがしい
不吉である。

著しい
いちじるしい
際だっている。目立っている。

艶かしい
なまめかしい
色っぽい。

喧しい
やかましい
騒々しい。

悍しい
おぞましい
ぞっとするほど不快である。

夥しい
おびただしい
数え切れないほど数が多い。

副詞の漢字①

妄りに

みだりに

分別のない。

徐に

おもむろに

落ち着いて何事かを始める様子。

偏に

ひとえに

まったく。もっぱら。

将に

まさに

ちょうどそのとき。

専ら

もっぱら

そのことに専念して。

迚も

とても

非常に。どのようにしても。

宛ら

さながら

まるで。ちょうど。

夙に

つとに

以前から。早くから。

副詞の漢字②

序でに
ついでに
その機会を利用していっしょに。

疾うに
とうに
とっくに。ずっと前に。

具に
つぶさに
もれなくそろう様子。完全に。

剰え
あまっさえ
そのうえに。「あまつさえ」とも。

確り
しっかり
堅固なようす。

随に
まにまに
事のなりゆきに従って。

須く
すべからく
当然。

況んや
いわんや
言うまでもなく。

法律用語あれこれ

法律には特殊な言葉が数多い。よく使う言葉が、とんでもなく難しい言葉に置き換えられていたり、簡単な言葉だと思ったら実は難しい意味だったりする。ここではそんな言葉をいくつか紹介しよう。

「自首」

一般には犯人が捕まる前に警察に出頭する意味で使われているが、法律上、正確にいうと、犯罪の事実が発覚する前、または犯人が判明する前に捜査機関にその事実を述べること。つまり、警察に追われるようになってから出頭しても自首にならないのだ。

「瑕疵」

「かし」と読む。一般にはキズや欠点のこと。これだけでも難しい表現だが、法律用語の厳密な意味は「行為・物・権利などに本来あるべき要件、性質が欠けていること」。欠点や間違いと表現してはダメなのだろうか?

「心裡留保」

「しんりりゅうほ」。要するにその場しのぎのうそや冗談でも、相手に意思表示したことは法律的に有効（相手がうそや冗談と知りうる場合は無効）ということ。法律では「意思表示は表意者が其真意に非ざる……」となる。

四字熟語
レベル1

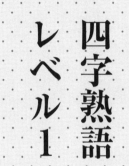

「一」の四字熟語①

一進一退

いっしんいったい

進んだり、戻ったりすること。また良くなったり悪くなったりすること。

一期一会

いちごいちえ

どんな出会いも一生に一度だけのもの。それだけ出会いは大切なものだ。

一世一代

いっせいちだい

生涯で一度きりの出来事。一生を通じて。

一汁一菜

いちじゅういっさい

汁一わんとおかず一品の質素な食事のこと。つましい食事のこと。

一朝一夕

いっちょういっせき

ひと朝、あるいはひと晩。極めて短い時間のこと。

一挙一動

いっきょいちどう

動作の一つひとつ。細かな動きのこと。

一長一短

いっちょういったん

一つのものに良い面と悪い面の両方があるということ。長所と短所を兼ね備えること。

一喜一憂

いっきいちゆう

周囲の状況が変わるごとに喜んだり、心配したりすること。気持ちが不安定な様子。

「一」の四字熟語②

一石二鳥
いっせきにちょう

一つの石を投げて二羽の鳥を撃ち落とすこと。一つの行為で二つの利益を得ること。

一発必中
いっぱつひっちゅう

一本の矢を射るだけで必ず命中させる。一度の挑戦で必ず成功させること。

一生懸命
いっしょうけんめい

命をかけて物事を行うこと。もとは一所懸命（いっしょけんめい）。

一挙両得
いっきょりょうとく

一つの行為で、同時に二つの利益を得ること。

一部始終
いちぶしじゅう

始めから終わりまで。物事や出来事のすべて。もとは書物の始めから終わりまでのこと。

一念発起
いちねんほっき

気持ちを入れ替えて熱心に物事を始めること。もとは改心して仏の道に入ること。

一日千秋
いちじつせんしゅう

一日が千年に感じられる気持ち。少しの時間もがまんできないほどの待ち遠しい気持ち。

一攫千金
いっかくせんきん

大金を一度に得ること。たいした労力を使わずに大きな利益をつかむこと。

数字の四字熟語①

二者択一
にしゃたくいつ
二つのうち、どちらかを選ぶこと。または選ばなくてはならないこと。

七転八倒
しちてんばっとう
転がり回るほど、もだえ苦しむこと。

朝三暮四
ちょうさんぼし
目先の違いにとらわれて、実質を見失うこと。また口先で人をだますこと。

四方八方
しほうはっぽう
あちこち。すべての方角。

四捨五入
ししゃごにゅう
求めたい桁の下の桁が5以上のときは切り上げて、4以下の場合は切り捨てること。

十中八九
じっちゅうはっく
十のうち八または九の確率で。おおかた。だいたい。ほとんど。

五里霧中
ごりむちゅう
霧が深く方角が全くわからない状態。状況が不明で、見通しが立たないこと。

百発百中
ひゃっぱつひゃくちゅう
すべての矢や弾丸が狙ったところに命中すること。予想などがことごとく的中すること。

ほめる四字熟語①

品行方正

ひんこうほうせい

行いが正しく、立派な様子。

前途有望

ぜんとゆうぼう

将来の先行きが期待でき、成功の可能性が高いこと。

文武両道

ぶんぶりょうどう

学問にも武道にも両方にすぐれていること。

完全無欠

かんぜんむけつ

欠点や足りない部分がなく、完璧な様子。

大器晩成

たいきばんせい

大きな器は完成するのに時間がかかる。同様に偉大な人物は時間をかけて成長するということ。

独立独歩

どくりつどっぽ

他の人に助けてもらったりせずに自分の力で信じる道を生きていくこと。

博学多才

はくがくたさい

幅広い知識を持ち、学問に通じ、また豊富な才能に恵まれていること。

才色兼備

さいしょくけんび

豊かな才能と美しい容姿を兼ね備えた女性のこと。

けなす四字熟語①

優柔不断
ゆうじゅうふだん

ぐずぐずと迷い、物事をはっきりと決めることができない様子。決断力がない様子。

意志薄弱
いしはくじゃく

意志が弱く、自分で判断する力がなく、物事を最後までやり通せないこと。

付和雷同
ふわらいどう

自分自身のしっかりとした考えがなく、ほかの人の意見や行動についていくこと。

無芸大食
むげいたいしょく

才能や芸もたいしてないくせに、人並み以上に食べる人をばかにしていう言葉。

他力本願
たりきほんがん

自分の力でやってみようとせずに、もっぱらほかの人の力をあてにすること。

夜郎自大
やろうじだい

世間を知らずに、自分の力を過信していばったり、自慢したりすること。

器用貧乏
きようびんぼう

器用にいろいろなことができるため、かえって一つのことをやり遂げられず、大成しないこと。

有名無実
ゆうめいむじつ

有名なわりに、実際にはたいしたことがない様子。世間の評判とは異なること。

「自」の四字熟語

自暴自棄
じぼうじき
先行きの不安が大きく、やけになって無茶な行動をすること。

自画自賛
じがじさん
自分で自分をほめること。もとは自分の描いた画に自分で詩歌などを書き入れること。

自由自在
じゆうじざい
自分の思った通りに何でもできること。思いのまま。

自問自答
じもんじとう
自分で問いをたて、自分で答えを考えること。自分で問題点を探し解決すること。

自業自得
じごうじとく
悪いことをしたら、その報いは自分自身が受けるということ。善悪の報いは自分が受けること。

自作自演
じさくじえん
自分でストーリーを考え、自分で演じること。人をだますために考えた演技のこと。

自給自足
じきゅうじそく
自分に必要なものを、自分で作って満たすこと。自分の食べ物は自分で作ること。

自縄自縛
じじょうじばく
自分の行いや言葉が、自分自身を苦しめて動きがとれなくなること。

繰り返しの四字熟語①

時時刻刻

じじこっこく

時を追って次々と。次第に。一刻一刻。「じじこくこく」とも読む。

平平凡凡

へいへいぼんぼん

変わったことがなく、ありふれた様子。平凡を強めていう言葉。

子子孫孫

ししそんそん

子孫が延々と連なる様子。子孫が続く限り。

明明白白

めいめいはくはく

物事が非常にあきらかで、はっきりしている様子。

種種様様

しゅじゅさまざま

いろいろなこと。多くの種類や様子があること。

津津浦浦

つつうらうら

すべての港や浜辺で。全国のあらゆる場所で。各地で。「つづうらうら」とも読む。

年年歳歳

ねんねんさいさい

毎年。毎年同じように。来る年も来る年も。

戦戦兢兢

せんせんきょうきょう

怖がってびくびくしている様子。恐れ、用心する様子。「戦戦恐恐」とも書く。

人間関係の四字熟語①

意気投合

いきとうごう

気持ちや思いがぴったりと合い、仲良くなること。

二人三脚

ににんさんきゃく

二人の一方の足を結び合って走る競技。そこから二人が協力しあうこと。

以心伝心

いしんでんしん

だまっていてもお互いに気持ちや心が通じること。

大同団結

だいどうだんけつ

主張が異なる党派や団体が、細かな違いを超えて、より大きな目的のためにまとまること。

一致団結

いっちだんけつ

心や目的を同じにして、協力すること。

一心同体

いっしんどうたい

複数の人がまるで一つの心や同じ体を持つように強く結びついていること。

四海兄弟

しかいけいてい

世界の人はみな同じで、兄弟のように仲良くすべきであるという意味。

竹馬之友

ちくばのとも

幼少のころから一緒に遊んだ友達のこと。

気持ちの四字熟語①

喜怒哀楽
きどあいらく

喜び、怒り、悲しみ、楽しみなど人の感情のすべて。

言語道断
ごんごどうだん

言葉が出ないほど、あきれ、腹が立っている様子。もとは言葉で言い表せない仏教の深い真理。

喜色満面
きしょくまんめん

喜びが大きいあまり、顔全体にその気持ちが表れている様子。隠しきれないうれしさ。

疑心暗鬼
ぎしんあんき

疑う気持ちが強いために、すべてのことが恐ろしくなり、おびえてしまう様子。疑心暗鬼を生ず。

捧腹絶倒
ほうふくぜっとう

おもしろさのあまり、おなかを抱えて転げ回ること。「抱腹絶倒」は誤りが慣用化したもの。

茫然自失
ぼうぜんじしつ

思わぬ出来事などに、あっけにとられて、自分を見失っている様子。我を忘れた様子。

意気消沈
いきしょうちん

落ち込んで、まったく元気をなくしてしまうこと。

心機一転
しんきいってん

ある出来事をきっかけにして、気持ちをすっかり切り替えること。

信仰の四字熟語①

極楽浄土
ごくらくじょうど

阿弥陀仏が住んでいる場所。仏道を修行する者は死後にここに生まれるとされる。安楽な場所。

神仏混淆
しんぶつこんこう

日本の神道と仏教を融和させたもの。「神仏混交」とも書く。

因果応報
いんがおうほう

過去の善悪に応じて、現在の幸不幸が決まる。悪いことをすればその罰を受ける。

諸行無常
しょぎょうむじょう

この世のすべては必ず変化していくものであり、とどまることはないという考え。

未来永劫
みらいえいごう

この先ずっと永遠に。永久。永劫は仏教で非常に長い時間のことを表す。

色即是空
しきそくぜくう

この世のすべてのものは仮の姿であり、むなしいものであるということ。

即身成仏
そくしんじょうぶつ

人が生きているうちに悟りを得て、仏になること。

天地神明
てんちしんめい

天と地に住むあらゆる神々。

「々」は漢字じゃない?!

同じ漢字をくり返すときに使われる「々」。これはいったい何かと疑問を持っている人は多いのではないだろうか。これは実は「じおくり」「のま」「どう」「おどり」「おなじ」などと呼ばれる記号の一種。漢字とともに使われるので、漢字であるかのように思ってしまうが、別なものなのだ。

とはいってもそのルーツは漢字にあるとされる。その漢字は「同」の異体字である「仝」。異体字とは意味も読みもまったく同じだが形の違う漢字のこと。「仝」は同じという意味だから、同じ文字を連続して書くときに使われていた。たとえば「山山」と書くときに「山仝」と書いたりした。やがて「仝」は略して書かれるようになり、その略した字が「々」なのだ。

このほかにもくり返しを表す記号には「ヽ」「ヾ」「ゝ」「ゞ」「〃」があり、平仮名のくり返しには「ゝ」、濁点が付く場合は「ゞ」などと使い分けるようになっている。どれもこれも余計なくり返しを避けるためのもの。いつの時代も少しでも楽をしようという気持ちは「仝じ」だったらしい。

レベル 1 テスト① 問題

初級編の復習だ!

八つの四字熟語が上下バラバラになってしまった。

正しく組み合わせてもとの四字熟語を作ってね。

一挙

一汁

一進

一期

一菜

一喜

一憂

一短

一代

一夕

一会

一退

一世

一朝

一長

一動

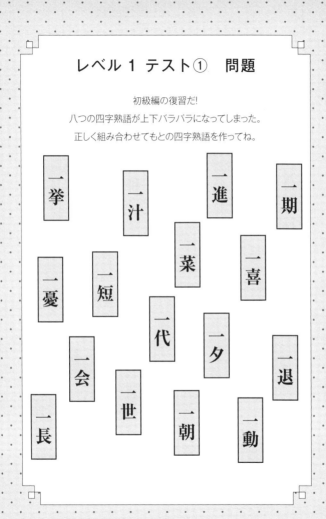

レベル１ テスト① 解答

一長一短

一朝一夕

一世一代

一進一退

一喜一憂

一挙一動

一汁一菜

一期一会

レベル１ テスト② 問題

次は穴埋め問題。

下の表から文字を選んで四字熟語を

完成させよう。

一つの字は何度使ってもOK!

① 朝□暮□

② □立□歩

③ 以□伝□

④ 捧□絶倒

⑤ □捨□入

⑥ □由□在

⑦ 夜郎□大

⑧ 疑□暗□

⑨ □人□脚

⑩ 喜□哀□

⑪ □石□鳥

⑫ □機□転

腹	五	四	三	二	一
鬼	楽	怒	独	心	自

レベル 1 テスト② 解答

①朝三暮四

②独立独歩

③以心伝心

④捧腹絶倒

⑤四捨五入

⑥自由自在

⑦夜郎自大

⑧疑心暗鬼

⑨二人三脚

⑩喜怒哀楽

⑪一石二鳥

⑫心機一転

四字熟語レベル2

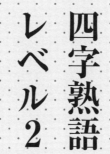

「一」の四字熟語③

一利一害

いちりいちがい

利と害、良い面と悪い面の両方を兼ね備えていること。

一上一下

いちじょういちげ

ものが上下すること。また場面に応じてうまく対応すること。

一得一失

いっとくいっしつ

利と害。利益もあれば、損失もあるということ。

一国一城

いっこくいちじょう

一つの国、一つの城を持っていること。転じて、独立してほかに頼っていないこと。

一芸一能

いちげいいちのう

一つの技芸や一つの才能。何か一つのことに優れていること。

一刀両断

いっとうりょうだん

刀でものを真っ二つに切ること。また思い切りよく鮮やかに決断する様子。

一宿一飯

いっしゅくいっぱん

一晩の宿と一度の食事を提供してもらうこと。少しの世話を大切な恩と考えること。

一切合切

いっさいがっさい

すべてのもの。何もかも残さずみんな。

数字の四字熟語②

二束三文

にそくさんもん

数が多く、値段が非常に安いこと。ただ同然の値段。

三寒四温

さんかんしおん

寒い日が三日続いた後に暖かい日が四日続き、これが繰り返される冬の気候。

四角四面

しかくしめん

あまりにまじめで融通がきかずに堅苦しいこと。またそういう人。

五風十雨

ごふうじゅうう

農作物が育つのにちょうどよい気候のこと。また、世の中が平和なこと。

七転八起

しちてんはっき

何度転んでも起き上がること。どれだけ失敗しても、くじけないこと。七転び八起き。

八方美人

はっぽうびじん

どこから見ても完璧な美人。転じて、誰に対してもよい顔を見せる軽い人。

百鬼夜行

ひゃっきやこう

妖怪が夜に列をなして歩くこと。転じて多くの人の怪しいふるまいや悪事。「ひゃっきやぎょう」とも。

千変万化

せんぺんばんか

次々と変化していくこと。めまぐるしく移り変わること。

数字の四字熟語③

一粒万倍

いちりゅうまんばい

一粒の種が万の米になる。わずかなものも数多く増えるので、少しのものも大切に。

一子相伝

いっしそうでん

学問や武術、芸能などの奥義を自分の子どもだけに伝えること。

一網打尽

いちもうだじん

敵対するグループを一度に捕らえてしまうこと。

一紙半銭

いっしはんせん

寄進の額がわずかなこと。転じて、ほんのわずかなことのたとえ。

乾坤一擲

けんこんいってき

運命をかけて、ばくちのような大きな勝負をすること。

知謀百出

ちぼうひゃくしゅつ

次から次へとはかりごとや人をだます方法を考え出すこと。

三百代言

さんびゃくだいげん

詭弁をもてあそぶこと。

千言万語

せんげんばんご

非常にたくさんの言葉。

繰り返しの四字熟語②

是是非非

ぜぜひひ

良し悪しを正しく判断すること。良いことは良い、悪いことは悪いと区別すること。

威風堂堂

いふうどうどう

非常に不思議で、怪しい様子。奇怪を強調した言葉。

正正堂堂

せいせいどうどう

正しいやり方を選び、立派な態度を見せている様子。また勢いが盛んな様子。

前途洋洋

ぜんとようよう

将来の可能性が広がり、希望に満ちていること。

虚虚実実

きょきょじつじつ

お互いに計略をつくして争う様子。また、嘘と真実をたくみに使い分ける様子。

意気揚揚

いきようよう

自信に満ちて誇らしげな様子。元気で勢いにのった様子。

奇奇怪怪

ききかいかい

非常に不思議で、怪しい様子。奇怪を強調した言葉。

和気藹藹

わきあいあい

なごやかで楽しげな雰囲気。藹藹は心の安らかな様子。

対比の四字熟語

大同小異
だいどうしょうい

大部分においては同じであり、違うところはわずかである。大きな違いはない。

先憂後楽
せんゆうこうらく

人より先に今後を心配し、物事を楽しむのは後にすること。指導者の心構え。

針小棒大
しんしょうぼうだい

話が大げさなこと。小さな針を棒のようにいいたてることから。

離合集散
りごうしゅうさん

離れたり、また集まったりすること。別れ、また集うこと。

大器小用
たいきしょうよう

優れた人物につまらない仕事をさせる。人を上手に使いこなせないということ。

神出鬼没
しんしゅつきぼつ

神や鬼のように自在に現れたり、消えたりして、居所が容易につかめないこと。

遠水近火
えんすいきんか

遠くにある水は近くの火事を消すことはできない。

寸進尺退
すんしんしゃくたい

一寸進んで一尺後退する。得るところがなく、失うばかりであること。「すんしんせきたい」とも。

体の一部がつく四字熟語①

開口一番
かいこういちばん

話し始めたとたん。最初に。

徒手空拳
としゅくうけん

手に何も持たないこと。また、自分以外に頼る相手や物が何もないこと。

一目瞭然
いちもくりょうぜん

一目みれば、それだけではっきりとわかること。

鼻先思案
はなさきしあん

いいかげんで深く考えないこと。

悪口雑言
あっこうぞうごん

さまざまな悪口をいうこと。またその悪口。人をののしること。

平身低頭
へいしんていとう

腰を曲げ頭を低くする。恐縮し、相手を敬うこと。ひたすら謝ること。

徹頭徹尾
てっとうてつび

始めから終わりまで通して。ずっと。最初から最後まで。

五臓六腑
ごぞうろっぷ

東洋医学における内臓の総称。転じて、体内や心の中のこと。

動物の四字熟語①

画竜点睛

がりょうてんせい

物事が完成するための大事な部分。その部分が抜けることを「画竜点睛を欠く」という。

獅子奮迅

ししふんじん

獅子が奮い立つように、勢いが激しい様子。

羊頭狗肉

ようとうくにく

見かけだけよくして、中身がともなわないこと。表面だけ装うこと。

鶏口牛後

けいこうぎゅうご

大きな組織の中で使われる立場にいるよりも、小さな組織で頂点に立つほうがよい。

乱暴狼藉

らんぼうろうぜき

暴力をふるって、滅茶苦茶に暴れること。

多岐亡羊

たきぼうよう

学問で分野を広げすぎて、一つとして真理がつかめないこと。迷いが多いこと。

周章狼狽

しゅうしょうろうばい

慌てふためいて、うろたえること。思いがけない事態に騒ぐこと。

鶏鳴狗盗

けいめいくとう

くだらない技や芸でも役に立つことがある。

ほめる四字熟語②

泰然自若

たいぜんじじゃく

どのような事が起きても、いつもと変わりなく、落ち着いてゆったりとしていること。

温厚篤実

おんこうとくじつ

穏やかで優しく、人にたいして誠実でまじめなこと。

気宇壮大

きうそうだい

発想や構想のスケールが人並みはずれて広大なこと。度量が大きいこと。

言行一致

げんこういっち

話したことと行動が矛盾せずに同じであること。

快刀乱麻

かいとうらんま

複雑な問題を手際良く解決すること。物事を鮮やかに処理すること。

公明正大

こうめいせいだい

隠すようなことがなく、はっきりとしていて正しい様子。

胆大心小

たんだいしんしょう

大胆でありながら、細やかな心があること。

質実剛健

しつじつごうけん

飾りがなく、中身がまじめで、心身が丈夫でたくましいこと。

けなす四字熟語②

時代錯誤
じだいさくご

昔は正しかったが、今の時代には合わない考えや物事。古くさい考え方や主張。

竜頭蛇尾
りゅうとうだび

最初の勢いは盛んだが、終わりには勢いがなくなり、振るわないこと。

無為無策
むいむさく

問題が起きても、何の対策も立てずに手をこまねいて見ていること。

杓子定規
しゃくしじょうぎ

何にでも同じ基準を無理に適用すること。融通が利かないこと。

大言壮語
たいげんそうご

その人の実力に見合わない大きなことを威張って言うこと。

白河夜船
しらかわよふね

知ったかぶり、見たふりをすること。また、前後がわからないほどぐっすり眠ること。

三日坊主
みっかぼうず

何でもすぐに飽きてしまい、長続きしないこと。またその人。

舌先三寸
したさきさんずん

口先ばかりで、心がこもらない言葉。人をだます巧みな弁舌。

気持ちの四字熟語②

破顔一笑
はがんいっしょう
にっこりと顔をほころばせて笑うこと。険しい表情から、突然にっこりと笑うこと。

得意満面
とくいまんめん
得意な気持ちが顔全体に表れている様子。

感慨無量
かんがいむりょう
計ることができないほど、しみじみとしみいる感動や深く感じる気持ちのこと。

半信半疑
はんしんはんぎ
信じる気持ちと疑う気持ちが入り混じっていること。

狂喜乱舞
きょうきらんぶ
あまりのうれしさに躍り上がってしまうこと。

勇気凜凜
ゆうきりんりん
勇気が尽きることなく、満ちあふれている様子。

有頂天外
うちょうてんがい
我を忘れてしまうほどの大喜びのこと。

怒髪衝天
どはつしょうてん
髪の毛が逆立ってしまうほど怒りが激しい様子。

人間関係の四字熟語②

呉越同舟
ごえつどうしゅう
仲の悪い者同士が行動をともにしたり、共通の利害のために協力すること。

一族郎党
いちぞくろうとう
血縁関係にある人々。また有力者とその弟子や家来のこと。

三位一体
さんみいったい
三つの人や物が一つになって協力すること。もとはキリスト教の神、聖霊、キリストが一体とする考え。

不倶戴天
ふぐたいてん
絶対に生かしておけないと思うほど深い恨みを持つこと。またその相手。

一家団欒
いっかだんらん
家族がそろって楽しい時を過ごすこと。

一蓮托生
いちれんたくしょう
複数の人間が運命や行動をともにすること。もとは極楽で同じ蓮華に生まれること。

合縁奇縁
あいえんきえん
人と人との交わりは、不思議な縁によるものだということ。

相互扶助
そうごふじょ
お互いに助け合うこと。

健康の四字熟語

無病息災
むびょうそくさい

健康で平穏無事でいること。

意気軒昂
いきけんこう

元気がよく、勢いがあること。

頭寒足熱
ずかんそくねつ

頭を冷やして、足を温める健康法のこと。

新陳代謝
しんちんたいしゃ

古いものがだんだんと新しいものに入れ替わること。

薬石無効
やくせきむこう

薬や治療の効き目がないこと。

医食同源
いしょくどうげん

薬も食事もそのもとは同じで、食生活こそ医療の根本であるという考え。

才子多病
さいしたびょう

才能がある人は病気がちであるということ。

良薬苦口
りょうやくくこう

良く効く薬は苦いものだ。転じて、自分にとって聞くのがつらい忠告ほどためになる。

仕事の四字熟語

薄利多売
はくりたばい

一つひとつのもうけを少なくして、数をたくさん売ること。

三顧之礼
さんこのれい

十分に礼を尽くして、優秀な人物に仕事を頼むこと。

利害得失
りがいとくしつ

利益と損害。自分の損得を計算すること。

年功序列
ねんこうじょれつ

年齢や勤続年数に応じて昇給や昇進すること。

粗製濫造
そせいらんぞう

粗雑で品質の低い製品をたくさん作ること。

粉飾決算
ふんしょくけっさん

会社の経営内容を実際よりも良く見せるために、不正な会計処理をほどこすこと。

千客万来
せんきゃくばんらい

たくさんの客が次から次へとひっきりなしにやってくる様子。

適材適所
てきざいてきしょ

その人の才能や性格に適した役目や地位を与えること。

戦いの四字熟語①

機略縦横
きりゃくじゅうおう

その時その時に応じた適切な計略や作戦を思いのままに考え出すこと。

人海戦術
じんかいせんじゅつ

多数の兵士を投入する戦術。転じて多くの人を使って仕事を完成させること。

合従連衡
がっしょうれんこう

国と国との駆け引き。国同士が連合したり同盟したりすること。

速戦即決
そくせんそっけつ

一気に勝負を決すること。転じて、物事を即座に決定すること。

権謀術数
けんぼうじゅっすう

相手をうまくだますための計略のこと。

暗中飛躍
あんちゅうひやく

人に知られることなく、密かに活動して、策略をめぐらすこと。

先手必勝
せんてひっしょう

争いや競技などで先に戦いを仕掛けたほうが、有利に勝負を進められること。

無手勝流
むてかつりゅう

自分で考えた流儀や方法のこと。また直接対決を避けて策略で相手に勝つこと。

戦いの四字熟語②

油断大敵
ゆだんたいてき

油断は失敗のもとになる最大の敵であるということ。

勢力伯仲
せいりょくはくちゅう

二つの力に差がなく、優劣がつけられないこと。

一触即発
いっしょくそくはつ

ちょっとしたきっかけで、すぐにでも大事に発展しそうな緊迫した状態。

四面楚歌
しめんそか

敵や意見の異なる者ばかりに取り囲まれている状態。協力者がおらず孤立すること。

孤軍奮闘
こぐんふんとう

援軍のない状況で必死に戦うこと。一人で懸命に努力すること。

難攻不落
なんこうふらく

攻撃するのが難しく、簡単に陥落しないこと。また、思うようにならないこと。

風林火山
ふうりんかざん

情勢に応じて、動きを風、林、火、山のように使い分けること。孫子の兵法。

百戦百勝
ひゃくせんひゃくしょう

百回戦い、百回勝つ。戦えば、必ず勝つということ。

生死を分ける四字熟語

半死半生
はんしはんしょう
死にかかっていること。今にも死にそうな状態。

危機一髪
ききいっぱつ
髪の毛一本ほどのわずかな差で危険にさらされる状況。

九死一生
きゅうしいっしょう
ほとんど助かる見込みのない状況から生き延びること。九死に一生を得る。

生殺与奪
せいさつよだつ
相手を生かすも殺すも、与えるも奪うも思いのままにできること。

絶体絶命
ぜったいぜつめい
どうにも逃げられない立場や助からない状況にいること。

背水之陣
はいすいのじん
もう後がない状態にして、必死の覚悟で全力を尽くすこと。

危急存亡
ききゅうそんぼう
危険が目前に迫って、生きるか死ぬかの瀬戸際にある状態。

起死回生
きしかいせい
救いようのないピンチから立ち直らせること。

苦しみの四字熟語

四苦八苦
しくはっく

大変な苦しみ、またそのような苦労をすること。

七難八苦
しちなんはっく

数多くの困難や苦難のこと。

前途多難
ぜんとたなん

将来に多くの困難や災難が待ち受けていること。

多事多難
たじたなん

様々な事件や出来事があり、それにあわせて困難や問題も多いこと。

難行苦行
なんぎょうくぎょう

大変な苦労をすること。もとは様々な苦行により仏教の修行をすること。

艱難辛苦
かんなんしんく

非常に大きな困難に出会い、苦しみを味わうこと。

苦節十年
くせつじゅうねん

成功を期待して長い間苦労すること。また、成功したときにその苦労の長さを振り返っていう言葉。

苦心惨憺
くしんさんたん

さまざまな苦労のすえ、工夫をこらし、物事を成功させること。

話し合いの四字熟語①

百家争鳴
ひゃっかそうめい
さまざまな立場の学者や文化人などによる自由で活発な論争。

議論百出
ぎろんひゃくしゅつ
幅広い意見が出て、活発な話し合いが行われること。

談論風発
だんろんふうはつ
盛んに議論したり、話し合ったりすること。

甲論乙駁
こうろんおつばく
お互いが意見をゆずらず、まとまらないこと。

高論卓説
こうろんたくせつ
優れた理論や意見。

異口同音
いくどうおん
大勢が同じことを口にすること。また、多くの人の意見が一致すること。

打打発止
ちょうちょうはっし
議論が激しい様子。もとは刀で打ち合うときの音。「丁丁発矢」とも書く。

満場一致
まんじょういっち
会議などで全員の意見がまとまること。

話し合いの四字熟語②

空理空論
くうりくうろん

現実とかけ離れて、役立たない理論や意見のこと。

流言飛語
りゅうげんひご

でたらめで根拠のないうわさ。無責任なうわさ。

空中楼閣
くうちゅうろうかく

根拠がなくて現実的でない議論や考え。もとは蜃気楼のこと。

堅白同異
けんぱくどうい

無理矢理にこじつけること。

我田引水
がでんいんすい

自分の利益を第一に考えた発言や行動。もとは自分の都合のよいように田に水を入れること。

放言高論
ほうげんこうろん

無責任に意見を言い、言いたい放題議論すること。

愚問愚答
ぐもんぐとう

くだらない質問とそれに対するくだらない答え。どうでもよい意味のない問答。

無理難題
むりなんだい

理屈にあわず、実現が難しい言いがかりや要求のこと。

努力の四字熟語①

精神一到

せいしんいっとう

精神を集中すること。また、そうすればどんなことでもできるということ。

一意専心

いちいせんしん

一つのことに心を集中させること。ほかのことに惑わされずに、集中すること。

読書百遍

どくしょひゃっぺん

何度も読めば自然に意味がわかるようになること。「読書百遍意自ら通ず」という。

無我夢中

むがむちゅう

周りのことがわからなくなるほど、一つのことに熱中してしまう様子。

粉骨砕身

ふんこつさいしん

骨身を削って必死に取り組むこと。力の限りを尽くした努力。

不眠不休

ふみんふきゅう

眠ることも休むこともなく何かに必死で取り組むこと。

試行錯誤

しこうさくご

失敗を繰り返しながら問題解決や成功に近づいていくこと。

一心不乱

いっしんふらん

一つのことに集中して、ほかのことに心を惑わされない様子。

行動力の四字熟語

不言実行

ふげんじっこう

文句や理屈を口に出さず、自分の信じる通りに行動すること。

虎穴虎子

こけつこじ

危険を冒して挑戦してこそ、成功できる。虎穴に入らずんば虎子を得ず。

首尾一貫

しゅびいっかん

始めから終わりまで、考えや主張が、変わったり矛盾したりせずに一定であること。

熟慮断行

じゅくりょだんこう

じっくりと考えをまとめたうえで、思い切りよく実行すること。

暗中模索

あんちゅうもさく

手がかりのない中で、何かを探し求めたり、あれこれとやってみること。

猪突猛進

ちょとつもうしん

激しい勢いをもって一つのことをやり遂げること。むこう見ずなほど突き進むこと。

勇猛果敢

ゆうもうかかん

強く勇ましく、物事を思い切りよく実行していく様子。

直言直行

ちょくげんちょっこう

自分の思うことをはっきりと言い、その考えをしっかりと行動に移すこと。

愛の四字熟語

一視同仁
いっしどうじん

誰にでも平等に接し、すべての人を愛すること。

敬天愛人
けいてんあいじん

天を敬い、人を愛すること。

相思相愛
そうしそうあい

互いに思いが通じ合い、愛し合っていること。

月下氷人
げっかひょうじん

仲人。男女の縁を結ぶ人のこと。

意中之人
いちゅうのひと

心の中で密かに思っている人。

異体同心
いたいどうしん

体が別々であっても、心は同じであること。

氷炭相愛
ひょうたんそうあい

性質が正反対の者同士が愛し合ったり、助け合ったりすること。

鴛鴦之契
えんおうのちぎり

仲の良い夫婦のこと。鴛鴦とはおしどりのことで、いつも雌雄が一緒にいることから。

食事の四字熟語

日常茶飯
にちじょうさはん

毎日の食事の意味から、平凡でありふれたこと。

暖衣飽食
だんいほうしょく

何不自由のない満ち足りた生活。暖かい服を着て、十二分に食べること。

牛飲馬食
ぎゅういんばしょく

牛が水を飲むように酒を飲み、馬が草を食べるように大食いすること。

衣食礼節
いしょくれいせつ

生活が豊かになって初めて礼儀や節度を心がけるようになるということ。

贅沢三昧
ぜいたくざんまい

思うままにぜいたくすること。

発憤忘食
はっぷんぼうしょく

食事を忘れるくらい仕事や学問に夢中になること。

粗衣粗食
そいそしょく

粗末な食事や簡素な衣服の生活。

食前方丈
しょくぜんほうじょう

ぜいたくな食事。大きな食卓いっぱいに食事を並べる様子から。

いろいろな四字熟語①

臨機応変
りんきおうへん

その時、その場に応じた適切な処理や行動を取ること。

三三五五
さんさんごご

ばらばらに数人ずつかたまって、集まったり、歩いたりする様子。

晴耕雨読
せいこううどく

晴れの日は畑を耕し、雨の日は読書を楽しむ。そんな悠々自適の生活。

右往左往
うおうさおう

たくさんの人が、とまどって右に行ったり、左に行ったりする様子。

漁夫之利
ぎょふのり

二者が争い、対立しているすきに、第三者がたやすく利益を横取りしてしまうこと。

用意周到
よういしゅうとう

準備が万全で、抜かりがないこと。用意が完全に整っていること。

朝令暮改
ちょうれいぼかい

法律や命令などが頻繁に変更され、信頼できない状況。

大胆不敵
だいたんふてき

度胸があって、何も恐れることなく行動する様子。敵を敵とも思わない行動。

いろいろな四字熟語②

電光石火
でんこうせっか
ほんのわずかな、極めて短い時間。また行動が非常に素早いこと。

孤立無援
こりつむえん
助けや、つながりがまったくなく、ひとりぼっちでいること。

虎視眈眈
こしたんたん
虎が獲物を狙うように、機会をうかがって、じっと目を光らせている様子。

十人十色
じゅうにんといろ
性格や好み、考えは、人によってまったく異なり、それぞれであるということ。

余裕綽綽
よゆうしゃくしゃく
まったくあせりがなく、落ち着き払っている様子。憎らしいほどに悠然としている様子。

空前絶後
くうぜんぜつご
今までにそのような例がなく、これからもありそうにないこと。たいへんまれなこと。

面従腹背
めんじゅうふくはい
表面上はおとなしく、つき従い、内心では反抗していること。

奇想天外
きそうてんがい
普通には考えつかない思いつき。奇抜な考え。

レベル２ テスト① 問題

下の三十六文字の漢字の中に四字熟語が
タテ・ヨコ・ナナメに八つかくれている。
見つけられるかな？

遠	水	近	火	氷	海
大	陸	敬	地	炭	月
胆	同	針	天	相	下
大	器	小	用	愛	氷
言	語	棒	異	思	人
油	断	大	敵	明	公

レベル２ テスト① 解答

遠	水	近	火	氷	海
大	陸	敬	地	炭	月
胆	同	針	天	相	下
大	器	小	用	愛	氷
言	語	棒	異	思	人
油	断	大	敵	明	公

レベル２ テスト② 問題

下の四字熟語は順番が滅茶苦茶になっているよ。
そのうえ、漢字が一文字だけ間違っている。
正しい四字熟語に直してみよう。

① 謀出知千

② 後先喜憂

③ 鶏馬口後

④ 天有内頂

⑤ 足暑寒頭

⑥ 命休絶絶

⑦ 難六八苦

⑧ 専一心気

⑨ 模明索中

⑩ 朝夕改令

⑪ 火田引我

⑫ 所林適適

レベル２ テスト② 解答

①知謀百出

②先憂後楽

③鶏口牛後

④有頂天外

⑤頭寒足熱

⑥絶体絶命

⑦七難八苦

⑧一意専心

⑨暗中模索

⑩朝令暮改

⑪我田引水

⑫適材適所

レベル２ テスト③　問題

次は簡単。

二つのうち、正しい読み方はどっち?

周章狼狽
① しゅうしょうろうばい
② しゅうしょうばいばい

乾坤一擲
① かんこんいってき
② けんこんいってき

泰然自若
① たいぜんじにゃく
② たいぜんじじゃく

大言壮語
① たいげんそうご
② だいげんそうご

三位一体
① さんいいったい
② さんみいったい

起死回生
① きしかいせい
② きしかいしょう

打打発止
① ちょうちょうほっし
② ちょうちょうはっし

虎穴虎子
① こけつこじ
② こけつこし

一視同仁
① いっしどうにん
② いっしどうじん

直言直行
① ちょくげんちょっこう
② ちょくげんちょくぎょう

日常茶飯
① にちじょうちゃはん
② にちじょうさはん

千変万化
① せんぺんばんか
② せんべんばんか

レベル２ テスト③　解答

周章狼狽
① **しゅうしょうろうばい**
② しゅうしょうばいばい

乾坤一擲
① かんこんいってき
② **けんこんいってき**

泰然自若
① たいぜんじにゃく
② **たいぜんじじゃく**

大言壮語
① たいげんそうご
② **だいげんそうご**

三位一体
① さんいいったい
② **さんみいったい**

起死回生
① **きしかいせい**
② きしかいしょう

打打発止
① ちょうちょうほっし
② **ちょうちょうはっし**

虎穴虎子
① こけつこじ
② **こけつこし**

一視同仁
① いっしどうこん
② **いっしどうじん**

直言直行
① **ちょくげんちょっこう**
② ちょくげんちょくきょう

日常茶飯
① にちじょうちゃはん
② **にちじょうさはん**

千変万化
① せんぺんばんか
② **せんべんばんか**

四字熟語レベル3

数字の四字熟語④

一瀉千里

いっしゃせんり

物事が速やかに進むこと。水は勢いが強いと、一気に千里流れるほどであることから。

三拝九拝

さんぱいきゅうはい

人に何かを頼むために、何度も頭を下げること。

無二無三

むにむさん

ほかには類のないただ一つのもの。また、ひたすらに一つのことに専念する様子。

三十六計

さんじゅうろっけい

三十六計逃げるにしかず。作戦をいくつも考えるより、逃げることが大切。困ったら逃げるのがよい。

再三再四

さいさんさいし

何度も何度も繰り返して。

竹林七賢

ちくりんしちけん

中国の晋の時代に、世間から離れて清談を楽しんだ七人のこと。またそのような人。

四分五裂

しぶんごれつ

ちりぢり、ばらばらになること。秩序をなくして、乱れている様子。

傍目八目

おかめはちもく

物事は、その当事者よりも第三者のほうが客観的に正しく判断できるということ。

数字の四字熟語⑤

九牛一毛
きゅうぎゅういちもう

多くのものの中のほんのわずかな部分。取るに足りないこと。

海千山千
うみせんやません

経験が豊富で、世間の裏も表も知り尽くした老獪な人物のこと。

四通八達
しつうはったつ

交通網や通信網が四方八方へ広がり便利なこと。また、広い意味で便利なこと。

迷惑千万
めいわくせんばん

ひどく迷惑して困っている様子。非常に面倒な様子。

年百年中
ねんびゃくねんじゅう

いつも。年がら年中。一年中。

森羅万象
しんらばんしょう

この宇宙に存在するすべてのもののこと。

悪事千里
あくじせんり

悪い行いは、あっという間に世間の人に知れ渡るということ。

千差万別
せんさばんべつ

多くのものはそれぞれに特徴があり、異なっているということ。

ほめる四字熟語③

迅速果断
じんそくかだん
行動が素早く、決断力があること。

一騎当千
いっきとうせん
一人の騎兵が千人に相当すること。人並み外れた技術や能力を持っていること。

博覧強記
はくらんきょうき
広く書物を読み、しっかりと記憶していること。知識が豊富で、記憶力が良いこと。

鉄心石腸
てっしんせきちょう
鉄や石のように固くゆるぎない精神力。すさまじく強い意志を持っていること。

剛毅果断
ごうきかだん
強い意志を持って思い切りよく行動すること。物事に屈しないこと。

出藍之誉
しゅつらんのほまれ
師匠よりも弟子の方が優れていること。

天衣無縫
てんいむほう
飾り気がなく、素直な人柄や行動。また凝った部分がなく、自然に美しい詩歌など。

鬼面仏心
きめんぶっしん
鬼のように非常に怖い外見を持ちながら、心は仏のように優しいこと。

けなす四字熟語③

傍若無人

ぼうじゃくぶじん

まるで近くに誰もいないかのように無遠慮に振る舞うこと。

軽佻浮薄

けいちょうふはく

軽はずみで、浮ついている様子。言動に重みがないこと。

軽挙妄動

けいきょもうどう

事の成り行きや是非を考えずに、軽はずみな行動を取ること。

人面獣心

じんめんじゅうしん

人間の顔をしているが心はけだもののようで、恩や恥を知らない冷酷な人。

極悪非道

ごくあくひどう

残忍極まりないこと。人の道に背く非常に悪い行い。

因循姑息

いんじゅんこそく

古いやり方にこだわって改めようとせず、一時しのぎで切り抜けようとすること。

無知蒙昧

むちもうまい

学問や知識がないために、おろかで世の中の道理に暗いこと。

尸位素餐

しいそさん

高い地位につきながら、職責を果たさず、給料だけをもらい続けること。

気持ちの四字熟語③

歓天喜地

かんてんきち

天に向かって歓声をあげ、地に伏して喜ぶことから、この上なく大喜びする様子。

臥薪嘗胆

がしんしょうたん

目的を達するためや将来の成功のために、長い期間苦労・努力すること。

悲憤慷慨

ひふんこうがい

社会の不義や不正に憤り、嘆き悲しむこと。

大喝一声

だいかついっせい

大きな声でしかりとばすこと。どなりつけること。

断腸之思

だんちょうのおもい

腸がちぎれんばかりの悲しみ。非常につらくて悲しい気持ちのこと。

狐疑逡巡

こぎしゅんじゅん

狐のように疑い深く、物事を思い切りよく進められない様子。

意気阻喪

いきそそう

意欲ややる気を失うこと。元気がなく、気持ちがくじけた様子。「意気沮喪」とも書く。

会稽之恥

かいけいのはじ

戦いに敗れた恥。他者から受けた屈辱のこと。

愛と結婚の四字熟語

琴瑟相和

きんしつそうわ

夫婦仲がよく、むつまじいたとえ。

内助之功

ないじょのこう

妻が家庭内で陰ながら夫を助けること。

糟糠之妻

そうこうのつま

貧しいときから苦労をともにしてきた妻。

比翼連理

ひよくれんり

夫婦仲のよいこと。比翼は雌雄一体の想像上の鳥。連理は木目がつながった枝。

偕老同穴

かいろうどうけつ

生きては共に老い、死んでは同じ墓に入る。夫婦仲のよいたとえ。

華燭之典

かしょくのてん

結婚式のこと。

夫唱婦随

ふしょうふずい

夫が言い出し、それに妻がつき従うこと。妻が夫に逆らわず仲がよいことのたとえ。

洞房花燭

どうぼうかしょく

結婚式の夜のこと。夫人の部屋に輝く灯のこと。

幸せの四字熟語

大願成就
たいがんじょうじゅ

大きな願いや夢が実現すること。「だいがんじょうじゅ」とも読む。

伯楽一顧
はくらくいっこ

高い地位の人から才能を認められること。

錦上添花
きんじょうてんか

よいものや立派な行いを、積み重ねること。

大安吉日
たいあんきちじつ

物事をとりおこなうのに最もよい日柄。

順風満帆
じゅんぷうまんぱん

すべてのことがうまく進んでいる様子。順調なこと。

松柏之寿
しょうはくのじゅ

長生きのこと。また長生きを祝う言葉。

一陽来復
いちようらいふく

悪いことが続いた後に、よいことが起きること。もとは冬が終われば、春が来ること。

平穏無事
へいおんぶじ

何の問題もなく、安らかな様子。

リーダーの四字熟語

大所高所

たいしょこうしょ

個々の事柄や細かなことにこだわらない、物事全体を見通す観点。

信賞必罰

しんしょうひつばつ

功労者には必ず賞を与え、失敗した者や罪を犯した者は必ず罰すること。

形名参同

けいめいさんどう

上の者は、下の者の言説と実際の行動とを照らし合わせて、人物や功績を評価すべきとする考え。

創業守成

そうぎょうしゅせい

新しい事業を興すことも難しいが、その事業を維持発展させることはさらに難しいという教え。

公平無私

こうへいむし

私的な感情や利害をはさまず、物事を公平に扱うこと。

達人大観

たつじんたいかん

道理に通じた人は、小事にとらわれず、広く物事を見て、正しい判断を下す。

論功行賞

ろんこうこうしょう

手柄や功績をしっかりと評価して、それにふさわしい褒美や賞を与えること。

上意下達

じょういかたつ

上の者の意志や命令が、下の者にすみずみまで伝わること。

努力の四字熟語②

切磋琢磨
せっさたくま

仲間がお互いに競い、励まし合いながら、学問や技能を磨くこと。

熟読玩味
じゅくどくがんみ

文章の意味をじっくりと考え味わいながら読書すること。

刻苦勉励
こっくべんれい

苦労しながらも、ひたすら努力を重ね、学問や仕事に励むこと。

蛍雪之功
けいせつのこう

蛍の光や雪の光を使って勉強するぐらい、寸暇を惜しみ、苦労して勉強すること。

悪戦苦闘
あくせんくとう

死にものぐるいの戦い。困難な状況の中で、懸命に努力すること。

堅忍不抜
けんにんふばつ

意志が堅く、我慢強く堪え忍んで、くじけないこと。

全身全霊
ぜんしんぜんれい

身も心もすべて。体力も精神力もすべてを注いで。

孟母断機
もうぼだんき

学問や物事を途中でやめてしまうことを戒める教え。

風景の四字熟語

花鳥風月
かちょうふうげつ

自然界の美しい風景。また、それらを鑑賞したりする風流の道。

風光明媚
ふうこうめいび

自然の風景が清らかで美しいこと。特に景勝地の美しい景色。

山紫水明
さんしすいめい

自然の景色が美しいたとえ。日の光で山が紫に、川が澄んで見える様子から。

一望千里
いちぼうせんり

一目見て千里のかなたまで見渡せること。見晴らしの良い広々とした風景。

深山幽谷
しんざんゆうこく

人が足を踏み入れていない大自然のこと。人里離れた奥深い山々と遠くにかすむ谷。

眺望絶佳
ちょうぼうぜっか

素晴らしい風景や美しい景色のこと。

白砂青松
はくしゃせいしょう

白い砂浜と青々とした松。海岸の美しい風景のこと。

清風明月
せいふうめいげつ

夜景の美しさ。すがすがしい風と明るい月のこと。

人生と世の中の四字熟語

栄枯盛衰
えいこせいすい

栄えたり、衰えたりすること。栄えているものも、いつかは衰える。

塞翁之馬
さいおうのうま

人間万事塞翁が馬。幸不幸はめぐりめぐるもので、一喜一憂しても仕方がない。

邯鄲之夢
かんたんのゆめ

人間の一生や栄華は、ほんの短い夢のようにはかないものだというたとえ。一炊之夢に同じ。

桑田滄海
そうでんそうかい

世の移り変わりが激しい様子。

有為転変
ういてんぺん

世の中は移り変わるもので、一定ではないということ。無常。

万物流転
ばんぶつるてん

世の中のすべてのものは、変化し一定ではないということ。

運否天賦
うんぷてんぷ

運不運は天の采配によるものであること。運を天にまかせること。

一炊之夢
いっすいのゆめ

人間の一生や栄華は、ほんの短い夢のようにはかないものだというたとえ。邯鄲之夢に同じ。

四季の四字熟語

春夏秋冬

しゅんかしゅうとう

四季。春、夏、秋、冬。

春日遅遅

しゅんじつちち

春の日がなかなか暮れていかないこと。また、春の日ののどかな様子。

春風駘蕩

しゅんぷうたいとう

春風がのどかに吹く様子。また性格がおっとりとしていて、温和なこと。

夏雲奇峰

かうんきほう

夏の雄大な景色のたとえ。もとは陶淵明の詩。

秋霜烈日

しゅうそうれつじつ

秋の冷たい霜や真夏の激しく照りつける太陽。またそのように厳しい刑罰や規律。

夏炉冬扇

かろとうせん

夏の火鉢や冬の扇のように、季節外れで役に立たないもののたとえ。

小春日和

こはるびより

小春は旧暦の十月のこと。初冬のころの、春のように暖かい日。

媚眼秋波

びがんしゅうは

美人の涼しい目元。または媚びる目つき。

方角の四字熟語

東奔西走
とうほんせいそう

目的のために東へ西へ、あちらこちらに駆け回ること。

白首北面
はくしゅほくめん

才能のない人は年をとっても人に教えをこい受けるということ。

馬耳東風
ばじとうふう

人の話を右から左へ聞き流すこと。批判や助言をまったく気に留めない様子。

越鳥南枝
えっちょうなんし

南から来た鳥が木の南側に巣を作ったことから、故郷は忘れがたいというたとえ。

南船北馬
なんせんほくば

国中を旅し、飛び回る様子。中国では南は船で、北は馬で旅することが多いため。

西施捧心
せいしほうしん

むやみに人まねをして笑い者になること。また自分の行動は人をまねたものだと謙遜していう言葉。

古今東西
ここんとうざい

昔から今まで、東から西まで。あらゆる時間や場所で。いつでもどこでも。

泰山北斗
たいざんほくと

その道で最も尊敬され、仰ぎ見られる人物のこと。泰山と北斗星。

色の四字熟語①

古色蒼然

こしょくそうぜん

歳月を経て、古めかしい風情が表れている様子。見るからに古く色あせた様子。

青息吐息

あおいきといき

困り果てたときに発するため息。極めて苦しい様子のたとえ。

清廉潔白

せいれんけっぱく

心や行いが清く、不正など後ろ暗いところが何一つないこと。

青天白日

せいてんはくじつ

心の中にやましいことがないこと。無実であることが明らかであること。

千紫万紅

せんしばんこう

彩りが豊かなこと。紫や紅などさまざまな色の花が咲き乱れる様子から。

雲中白鶴

うんちゅうはっかく

雲の間を優雅に飛翔する白い鶴。脱俗的で高尚な人物を指す言葉。

青天霹靂

せいてんへきれき

青空に突然鳴り出す激しい雷鳴。思いがけない突然の出来事。

黄道吉日

こうどうきちにち

陰陽道で何をするにもよいとされる吉日。一般に日柄の良い日。「こうどうきちじつ」とも読む。

繰り返しの四字熟語③

喧喧囂囂
けんけんごうごう
多くの人が好き勝手に意見を述べて騒がしい様子。

天網恢恢
てんもうかいかい
悪いことは、必ず天が見ていて罰せられるということ。天網恢恢疎にして漏らさず。

侃侃諤諤
かんかんがくがく
自分の信じる意見を曲げずに、主張し合い、議論すること。

個個別別
ここべつべつ
一つずつ。それぞれ。個別を強調した言葉。

諸説紛紛
しょせつふんぷん
多くの意見や考えが、入り混じって、なかなかまとまらないこと。

空空漠漠
くうくうばくばく
さえぎるものが何もなく、広々としている様子。漠然とした様子。

眼光炯炯
がんこうけいけい
目が鋭く、光り輝いている様子。

小心翼翼
しょうしんよくよく
気が小さくて、ちょっとしたことでもびくびくしていること。

レベル３ テスト① 問題

八つの四字熟語が上下バラバラになってしまった。

正しく組み合わせてもとの四字熟語を作ってね。

無私

夫唱

西走

水明

婦随

北馬

東奔

一騎

当千

一陽

白首

公平

南船

来復

山紫

北面

レベル３ テスト① 解答

一騎当千

夫唱婦随

公平無私

山紫水明

白首北面

南船北馬

東奔西走

一陽来復

レベル３ テスト② 問題

二つのうち、正しい読み方はどちらかな。
悩むものも出てくるよ。

九牛一毛
① きゅうぎゅういちもう
② きゅうぎゅういちげ

無知蒙昧
① むちもうみ
② むちもうまい

上意下達
① じょういげたつ
② じょういかたつ

大所高所
① たいしょこうしょ
② だいしょこうしょ

全身全霊
① ぜんしんぜんりょう
② ぜんしんぜんれい

白砂青松
① はくさせいしょう
② はくしゃせいしょう

有為転変
① ゆういてんぺん
② ういてんぺん

古色蒼然
① こしきそうぜん
② こしょくそうぜん

刻苦勉励
① こっくべんれい
② こくくべんれい

万物流転
① まんぶつるてん
② ばんぶつるてん

傍目八目
① おかめはちもく
② そばめはちもく

順風満帆
① じゅんぷうまんぱん
② じゅんぷうまんぽ

レベル３ テスト② 解答

九牛一毛
① きゅうぎゅういちもう
② きゅうきゅういちげ

無知蒙昧
① むちもうみ
② むちもうまい

上意下達
① じょういげたつ
② じょういかたつ

大所高所
① たいしょこうしょ
② たいしょこうしょ

全身全霊
① ぜんしんぜんりょう
② ぜんしんぜんれい

白砂青松
① はくさせいしょう
② はくしゃせいしょう

有為転変
① ゆういてんぺん
② ういてんぺん

古色蒼然
① こしきそうぜん
② こしょくそうぜん

刻苦勉励
① こっくべんれい
② こくくべんれい

万物流転
① まんぶつるてん
② ばんぶつるてん

傍目八目
① おかめはちもく
② そばめはちもく

順風満帆
① じゅんぷうまんぱん
② じゅんぷうまんほ

四字熟語
レベル4

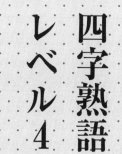

数字の四字熟語⑥

二律背反

にりつはいはん

それぞれ正しいと思える二つの命題が、互いに矛盾してしまい、両立しないこと。

八面六臂

はちめんろっぴ

一人で何人分もの働きをすること。多方面で活躍すること。

三者鼎立

さんしゃていりつ

三者が勢力を張り合うこと。鼎の三本足が並び立つ様子から。

四百四病

しひゃくしびょう

人間がかかるあらゆる病気のこと。すべての病気。

張三李四

ちょうさんりし

平凡でつまらないこと。どこにでもいる人物。張家の三男と李家の四男のこと。

六韜三略

りくとうさんりゃく

とっておきの解決策。奥の手。六韜も三略も中国の兵法書。

六根清浄

ろっこんしょうじょう

六根（目・鼻・耳・舌・身・意）から生じる迷いを断ち、心身ともに清浄になること。

三綱五常

さんこうごじょう

人間が常に守り、行うべき大道。

女性をほめる四字熟語

仙姿玉質

せんしぎょくしつ

仙女のような姿と玉のように美しい肌。気品の高い美女のこと。

一顧傾城

いっこけいせい

振り向いただけで、国王が心を奪われて、国の政治を顧みなくなるほどの美女。

羞月閉花

しゅうげつへいか

月も恥ずかしがり、花も閉じてしまうほどの美女。

純情可憐

じゅんじょうかれん

素直で汚れのない、かわいい少女のこと。

容姿端麗

ようしたんれい

顔立ちや姿が整っている美しい女性。美女。

眉目秀麗

びもくしゅうれい

顔かたちが整い、非常に美しいこと。男性に対して用いられることが多い。

明眸皓歯

めいぼうこうし

明るく澄んだ瞳と白くてきれいな歯。美女を形容する言葉。

天真爛漫

てんしんらんまん

まったく飾るところがなく、ありのままで無邪気な様子。

自然現象の四字熟語

暗雲低迷
あんうんていめい
暗い雲が低く垂れ込めるように、悪いことが起こりそうな気配。

雨奇晴好
うきせいこう
雨でも晴れでもそれぞれに美しい景色。

疾風迅雷
しっぷうじんらい
激しい風や雷。またそのように行動や勢いが早くて激しい様子。

行雲流水
こううんりゅうすい
漂う雲や流れる水のように、物事に執着しない自然な心。

大旱慈雨
たいかんじう
日照りが続き、雨が降ることを待ち望むこと。強く待望することのたとえ。

朝雲暮雨
ちょううんぼう
男女の契り。情交のこと。

雲集霧散
うんしゅうむさん
雲や霧のように多くのものが集まってはは消えていくこと。

雪中送炭
せっちゅうそうたん
雪の降る土地に住む人に炭を送るように、困っている人を助けること。

努力の四字熟語③

緊褌一番

きんこんいちばん

気を引き締め直して大事な場面に臨むこと。

一簣之功

いっきのこう

最後のひとふんばり。完成間際の努力。

彫心鏤骨

ちょうしんるこつ

非常に苦労苦心すること。また、そのように心を砕きながら詩歌を練り上げること。

磨斧作針

まふさくしん

どんなことも忍耐強く努力を続けていくことが大切である。

点滴穿石

てんてきせんせき

ささいなことでも、長く続ければ成功につなげることができる。

粒粒辛苦

りゅうりゅうしんく

苦労に苦労を積み重ねて成功に導くこと。一粒一粒の米を作る農民の苦労から。

駑馬十駕

どばじゅうが

才能がなくてもこつこつと努力すれば、有能な人に追いつけるということ。

百尺竿頭

ひゃくしゃくかんとう

到達できる最上最高の場所。努力などにより達することができる最高の結果。

人間関係の四字熟語③

莫逆之友
ばくぎゃくのとも

意気投合した親密な友人。争うことのない友人。「ばくげきのとも」とも読む。

肝胆相照
かんたんそうしょう

互いに腹の底までわかる親友。

同甘共苦
どうかんきょうく

苦楽をともにすること。

傾蓋知己
けいがいちき

初対面でありながら、古くからの友人のように仲良くなること。

刎頸之交
ふんけいのまじわり

深い友情で結ばれた関係。相手のためには首をはねられても後悔しないほどの友情。

内疎外親
ないそがいしん

本心では嫌いながら、表では親しげにふるまうこと。

唇歯輔車
しんしほしゃ

一方がだめになるともう一方がだめになるような、互いに助け合う親密な関係。

一家眷属
いっかけんぞく

家族や血縁、親族、さらに親しい人々まで。

信仰の四字熟語②

愛別離苦

あいべつりく

親子、兄弟、夫婦など愛し合う者と生別、死別しなくてはならない苦しみ。

寂滅為楽

じゃくめついらく

迷いの世界を脱して初めて真の安楽があるということ。

厭離穢土

おんりえど

煩悩に満ちて汚れた現世を嫌って、そこから逃れようとすること。

追善供養

ついぜんくよう

冥福を祈るために、亡くなった人に供え物を捧げること。

破邪顕正

はじゃけんしょう

不正や誤った考えを打ち破って、正義を貫き、明らかにすること。

善男善女

ぜんなんぜんにょ

仏教に帰依した男女のこと。転じて信仰心の厚い人たちのこと。

斎戒沐浴

さいかいもくよく

神聖な行為を行うまえに、飲食などを慎み、体を洗い、心を清らかにすること。

天佑神助

てんゆうしんじょ

天の助けと神の助け。

動物の四字熟語②

有象無象

うぞうむぞう

世の中にありふれたつまらない物や人間。もとはこの世のすべてのものを指す言葉。

暴虎馮河

ぼうこひょうが

向こう見ずな勇気。無謀なこと。虎と素手で戦い、大河を歩いて渡るほどの無謀。

汗牛充棟

かんぎゅうじゅうとう

蔵書が多いたとえ。引かせば牛が汗をかき、積めば家の屋根に届くほどの蔵書。

荊妻豚児

けいさいとんじ

自分の妻子を謙遜していう言葉。

鶏群一鶴

けいぐんのいっかく

たくさんの凡人のなかにいる一人の優秀な人物。またその人物が目立っていること。

兎走烏飛

とそううひ

歳月が非常に早く過ぎていくこと。月日がすぐに過ぎ去っていくこと。

盲亀浮木

もうきふぼく

めったにない出会い。まれにしか出会うことのない幸運。

喪家之狗

そうかのいぬ

元気のない人。覇気のない様子。

植物の四字熟語

桂林一枝
けいりんいっし

数ある官職の中で、ほんの少しだけ出世すること。わずかな昇進。

枝葉末節
しようまっせつ

主要ではない、細かい部分的なこと。本質からはずれた部分。

武陵桃源
ぶりょうとうげん

現世からかけ離れた美しい別天地。理想郷。

雪中松柏
せっちゅうしょうはく

状況の変化に惑わされず、節操や志が堅いこと。雪の中でも松や柏の葉が色を変えないことから。

草根木皮
そうこんもくひ

草の根と木の皮。漢方薬やその原料のこと。「そうこんぼくひ」とも読む。

春蘭秋菊
しゅんらんしゅうぎく

それぞれに良い特徴があり、優劣がつかないこと。

雨後春筍
うごしゅんしゅん

雨が降った後のたけのこのように物事が勢いよく増えたり、起きたりすること。

麻中之蓬
まちゅうのよもぎ

環境が良ければ、それに感化されて良い人間に成長するということ。

小さな四字熟語

蟷螂之斧
とうろうのおの
強敵に無謀に立ち向かうこと。

蛙鳴蟬騒
あめいせんそう
騒がしいばかりで、くだらない議論や文章のこと。

蚊虻走牛
ぶんぼうそうぎゅう
小さなものであっても、大きなものを制することができる。

蠅頭細書
ようとうさいしょ
ハエの頭のように小さくて細かな文字。

胡蝶之夢
こちょうのゆめ
夢と現実の区別がつかないこと。また人の世がはかないこと。

螻蟻潰堤
ろうぎかいてい
オケラやアリの巣が堤防を決壊させるように、大災害もちょっとしたことから起きる。

蝸牛角上
かぎゅうかくじょう
取るに足らない小さな争い。

蛾眉皓歯
がびこうし
ガの触角のような細長い三日月形の眉と真っ白な歯を持つ美女。

色の四字熟語②

紫電一閃
しでんいっせん

刀を振り下ろした一瞬の閃光。転じて事態が急に変化すること。

白璧微瑕
はくへきびか

立派なものにわずかな傷が入り、非常に惜しまれること。完璧な物のわずかな欠点。

桃紅柳緑
とうこうりゅうりょく

春の景色の美しい様子。桃の花の赤と柳の葉の新緑のこと。

藍田生玉
らんでんしょうぎょく

名門から優秀な人物が出ることをほめる言葉。

朝有紅顔
ちょうゆうこうがん

朝は血色のよい少年が晩には白骨になるように、人生は無常ではかないもの。

翠帳紅閨
すいちょうこうけい

高貴な女性の寝室のこと。

金城湯池
きんじょうとうち

金で作った城と熱湯の堀のように、守りが堅いこと。

黒衣宰相
こくえさいしょう

僧侶でありながら、政治の重要な部分に関わる者。

体の一部がつく四字熟語②

心頭滅却
しんとうめっきゃく

心の雑念を消し去れば、いかなる困難や苦難もしのぐことができる。

手枷足枷
てかせあしかせ

人の行動や自由を束縛するもの。もとは罪人の手足にはめて拘束する道具。

常套手段
じょうとうしゅだん

必ず使う手段や方法。決まった手段や手続き。

拱手傍観
きょうしゅぼうかん

手をこまねいて何もしないこと。

人口膾炙
じんこうかいしゃ

広く世間の人々の評判になること。人に知れ渡ること。

紅毛碧眼
こうもうへきがん

西洋人のこと。

手練手管
てれんてくだ

人を巧みにだまし、思うままに操る方法や技巧。

面目躍如
めんもくやくじょ

世間に対して顔が立つこと。世間の評価や評判に沿った活躍をすること。

政治の四字熟語

救世済民
きゅうせいさいみん

世の中や政治を救い、人々を不幸や苦しみから救い出すこと。

門戸開放
もんこかいほう

出入りの制限をとりやめ自由にすること。貿易などのため、港や市場を解放すること。

尊王攘夷
そんのうじょうい

天皇を尊重し、それを中心に据えて、外敵を排撃するという幕末の思想。

官尊民卑
かんそんみんぴ

官吏や官僚を尊んで、ほかの人民を蔑視すること。

苛斂誅求
かれんちゅうきゅう

人々から高い税金を厳しく取り立てる政治。またそのように人民を虐げる政治。

内憂外患
ないゆうがいかん

内政、外政ともに問題を抱えていること。内外に多くの心配事がある状態。

富国強兵
ふこくきょうへい

国を豊かにして、兵力を増強すること。明治政府のスローガン。

堅甲利兵
けんこうりへい

兵力が非常に強いこと。強固な鎧と強力な兵器。

ジテンの字典

「辞典」や「事典」、「字典」など、世にさまざまな「ジテン」があるが、どの字が本物なのだろうか。もちろん、どの表現も正式に使われているもので、間違いではないが、もともとの「ジテン」は、実は「字典」なのである。

「字典」とは本来は中国清朝の名君・康煕帝の勅命によって編さんされた「康煕字典」のこと。それまでにあった字典（当時は「字書」と呼ばれていた）をもとに約四万七千の漢字を部首別に配列したもので、現在使われている字典の基本となる存在であり、日本の漢和字典もすべてこの「康煕字典」に典拠しているといっても過言ではない。

この「康煕字典」の「康煕」は後世の人々が付けただけで、もともとの名はズバリ「字典」であった。その完成度の高さから、それまでの「字書」の代名詞として使われ、やがて普通名詞に変わっていったのだ。さらに我が国では内容により「辞典」・「事典」などと使い分けられるようになったというわけ。「字典」はまさに名実ともに「ジテン」の生みの親といえる。

レベル４ テスト① 問題

上級編最初のテストは穴埋め問題だ。
下の表から漢字を選んで四字熟語を完成させよう。
一つの字は何度使ってもいいよ。

① □面□臂

② □綱□常

③ □百□病

④ □練□管

⑤ 朝雲暮□

⑥ □耕□読

⑦ 朝有□顔

⑧ □枷□枷

⑨ 暗□低迷

⑩ 桃□柳緑

⑪ 駑馬□駕

⑫ □奇□好

十	八	六	五	四	三
紅	雨	雲	晴	足	手

レベル４ テスト① 解答

①八面六臂

②三綱五常

③四百四病

④手練手管

⑤朝雲暮雨

⑥晴耕雨読

⑦朝有紅顔

⑧手枷足枷

⑨暗雲低迷

⑩桃紅柳緑

⑪駑馬十駕

⑫雨奇晴好

レベル4 テスト② 問題

下の四字熟語は順番が滅茶苦茶になってるよ。
そのうえ、漢字が一文字だけ間違ってる。
正しい四字熟語に直してね。

①胆相肝昭

②辛同苦共

③散雲霜集

④五四李張

⑤尺頭千竿

⑥分愛苦離

⑦牛下角蝸

⑧根皮本草

⑨炙人首膾

⑩真爛夫漫

⑪地湯城金

⑫如面躍日

レベル４ テスト② 解答

①肝胆相照

②同甘共苦

③雲集霧散

④張三李四

⑤百尺竿頭

⑥愛別離苦

⑦蝸牛角上

⑧草根木皮

⑨人口膾炙

⑩天真爛漫

⑪金城湯池

⑫面目躍如

まとめのテスト ① 問題

十五個の四字熟語が上下バラバラになってしまった。
正しく組み合わせてもとの四字熟語を作ってね。
ただし、どれともあわない余分なカードが一枚あるよ。

喧喧　虚虚　囂囂　種種

奇奇　時時　是是　三三

堂堂　諤諤　凡凡　非非

怪怪　様様

孫孫　平平　白白　刻刻　年年

歳歳

五五　兢兢　子子　浦浦　侃侃　正正

明明

凛凛　実実　津津　戦戦

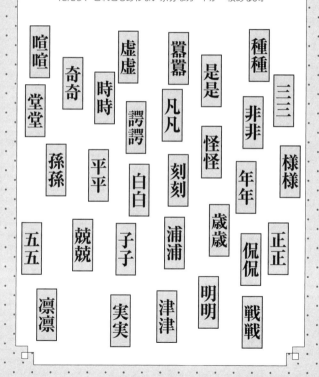

まとめのテスト ① 解答

時時刻刻

子子孫孫

種種様様

年年歳歳

平平凡凡

明明白白

津津浦浦

是是非非

正正堂堂

虚虚実実

奇奇怪怪

戦戦競競

三三五五

喧喧囂囂

侃侃諤諤

凛凛

まとめのテスト ② 問題

下の六十四文字の

漢字の中に四字熟語が十三個かくれている。

見つけられるかな?

一	族	郎	党	風	雷	千	客
馬	騎	山	利	林	一	万	迷
耳	三	当	山	火	日	惑	白
東	位	海	千	山	千	変	首
風	光	明	媚	紫	秋	無	北
雨	行	雲	流	水	霜	芸	面
晴	天	白	公	明	正	大	安
曇	清	風	明	月	日	食	暴

まとめのテスト ② 解答

一	族	郎	党	風	雷	千	客
馬	騎	山	利	林	一	万	迷
耳	三	当	山	火	日	惑	白
東	位	海	千	山	千	変	首
風	光	明	媚	紫	秋	無	北
雨	行	雲	流	水	霜	芸	面
晴	天	白	公	明	正	大	安
曇	清	風	明	月	日	食	暴

まとめのテスト ③　問題

下の漢字の間違いを見つけて
正しい四字熟語に直してね。

① 一分始終
② 一生一代
③ 快刀乱魔
④ 一触速発
⑤ 有像無像
⑥ 才色兼美
⑦ 大器晩正
⑧ 新出鬼没
⑨ 人面獣神
⑩ 朝礼暮改

⑪ 前途揚揚
⑫ 天衣無法
⑬ 五里夢中
⑭ 形挙妄動
⑮ 兼坤一擲
⑯ 自我自賛
⑰ 万場一致
⑱ 竜頭蛇鼻
⑲ 傍若不人
⑳ 怒発衝天

㉑ 不和雷同
㉒ 暗雲底迷
㉓ 一視同人
㉔ 画竜点晴
㉕ 艱難真苦
㉖ 異句同音
㉗ 絶対絶命
㉘ 三身一体
㉙ 公平無視
㉚ 以身伝身

まとめのテスト ③ 解答

① 一部始終
② 一世一代
③ 快刀乱麻
④ 一触即発
⑤ 有象無象
⑥ 才色兼備
⑦ 大器晩成
⑧ 神出鬼没
⑨ 人面獣心
⑩ 朝令暮改

⑪ 前途洋洋
⑫ 天衣無縫
⑬ 五里霧中
⑭ 軽挙妄動
⑮ 乾坤一擲
⑯ 自画自賛
⑰ 満場一致
⑱ 竜頭蛇尾
⑲ 傍若無人
⑳ 怒髪衝天

㉑ 付和雷同
㉒ 暗雲低迷
㉓ 一視同仁
㉔ 画竜点睛
㉕ 艱難辛苦
㉖ 異口同音
㉗ 絶体絶命
㉘ 三位一体
㉙ 公平無私
㉚ 以心伝心

さくいん

漢字　さくいん

四字熟語　さくいん

本書は、２０２０年に発刊した『読みの極意　免許皆伝への道　漢字道』と、２０１０年に発刊した『完全無欠の四字熟語』を編集・文庫化したものです。

[監修者プロフィール]
福田尚弘（ふくだ なおひろ）
慶應義塾大学文学部卒。コンピューター教材の企画制作を経て、現在、語学参考書を主とした企画・編集を行う。主な著書に『サクサク身につく 大人のための語彙力』『1日5分で成績が上がる！小学生の語彙力アップ1200』『できる大人の語彙力2200』（以上、すべてリベラル社）、『ちょっと難しい1000のことば』『難語2000』などの国語シリーズ、『最低限の日本史』（以上、すべてアーバン出版局）などがある。

装丁デザイン　大場君人
本文DTP　田端昌良（ゲラーデ舎）
本文デザイン　尾本卓弥（リベラル社）
編集　榊原和雄（リベラル社）
編集人　伊藤光恵（リベラル社）
営業　青木ちはる（リベラル社）
制作・営業コーディネーター　仲野進（リベラル社）

編集部　鈴木ひろみ・中村彩・安永敏史
営業部　津村卓・澤順二・津田滋春・廣田修・竹本健志・持丸孝・坂本鈴佳

できる大人の漢字語彙力1500

2022年10月26日　初版発行

編　集　リベラル社
発行者　隅田 直樹
発行所　株式会社 リベラル社
〒460-0008　名古屋市中区栄3-7-9　新鏡栄ビル8F
TEL 052-261-9101　FAX 052-261-9134　http://liberalsya.com
発　売　株式会社 星雲社（共同出版社・流通責任出版社）
〒112-0005　東京都文京区水道1-3-30
TEL 03-3868-3275
印刷・製本所　株式会社 シナノパブリッシングプレス

 ISBN978-4-434-31188-8　C0130